Durch die Endzeit

Klare Antworten auf komplexe Fragen

Jeff Kinley
Todd Hampson

Wir möchten Bob Hawkins, Sherrie Slopianka, Don Sage, Steve und Becky Miller, Kari Duffy und den übrigen Visionären bei Harvest House Publishers danken.

Durch die Endzeit

Klare Antworten auf komplexe Fragen

Jeff Kinley
Todd Hampson

Durch die Endzeit – Klare Antworten auf komplexe Fragen
Jeff Kinley, Todd Hampson

THE PROPHECY PROS' ILLUSTRATED GUIDE TO TOUGH QUESTIONS ABOUT THE END TIMES

Published by Harvest House Publishers
Eugene, Oregon 97408
www.harvesthousepublishers.com

1. Auflage 2024 (Koproduktion)

Verlag Mitternachtsruf, CH-8600 Dübendorf
www.mitternachtsruf.ch
Bestell-Nr. 180214
ISBN 978-3-85810-595-0

Christliche Verlagsgesellschaft mbH, DE-35683 Dillenburg
www.cv-dillenburg.de
Bestell-Nr. 271943
ISBN 978-3-86353-943-6

Übersetzung aus dem Amerikanischen: Martin Plohmann
Umschlag, Satz und Layout: Verlag Mitternachtsruf
Herstellung: ARKA Druck, PL-43-400 Cieszyn

Das Buch ist all denen im Leib Christi gewidmet, die nach der Wahrheit Gottes hungern und die Rückkehr Jesu sehnlichst erwarten.

«Von nun an liegt für mich die Krone der Gerechtigkeit bereit, die mir der Herr, der gerechte Richter, an jenem Tag zuerkennen wird, nicht aber mir allein, sondern auch allen, die seine Erscheinung liebgewonnen haben.»

2. Timotheus 4,8

Inhaltsverzeichnis

KAPITEL 1

Die Grundlagen biblischer Prophetie

#1 | Was ist biblische Prophetie?

In der Welt der biblischen Prophetie besteht kein Mangel an Sensationsmache. Überall liegt Prophetie in der Luft, von Weltuntergangspredigern über schrullige «Prophetie-Nerds», von Verschwörungstheorien über den Antichristen und verborgene Geheimgesellschaften bis hin zu Bestsellerbüchern zu diesem Thema. Oft scheint mehr Verwirrung als Klarheit zu herrschen. Bei dieser Vielzahl von Stimmen, die eine grosse Bandbreite von Überzeugungen, Theorien und Auslegungen lehren, wird die biblische Wahrheit schnell von einem konstanten Geräuschpegel übertönt. Das ist von Gott aber nicht so gewollt.

Obgleich es ein paar biblische Prophezeiungen gibt, die zu ihrem Verständnis ein intensiveres Studium verlangen als andere, ist die Prophetie an sich insgesamt relativ einfach zu begreifen ... *wenn* man weiss, was man tut.

Die biblische Prophetie ist schlichtweg Gottes im Voraus geoffenbarter Plan. Wie Trailer zu anstehenden Kinofilmen bietet sie eine Vorschau auf zukünftige Dinge. Doch im Gegensatz zu fiktionalen Filmen teilt uns die Prophetie mit, was *wirklich* passieren wird. Deshalb bezeichnen manche sie als im Voraus geschriebene Geschichte.

Im Alten Testament wurde den Propheten die Wahrheit über das Volk Israel und den zukünftigen Messias gegeben – über seine Geburt, seinen Dienst, seinen Tod und seine Auferstehung. Im Neuen Testament verkündeten Johannes der Täufer, Jesus, Paulus, Petrus und Johannes Prophezeiungen, die aus ihrer Sicht über Ereignisse in der nahen und der fernen Zukunft sprachen.

Im letzten Buch der Bibel begegnen wir einem ganzen Katalog von Prophezeiungen, die sich noch nicht erfüllt haben. 95 Prozent der Offenbarung sind Prophetie (Offb 1,19). Nur Gott kann die Zukunft präzise voraussagen – nicht Personen mit medialen Fähigkeiten, noch Wahrsager, noch gar der Teufel selbst.

Der Prophet Daniel erklärte, «es gibt einen Gott im Himmel, der Geheimnisse offenbart; der hat den König Nebukadnezar wissen lassen, was am Ende der Tage geschehen soll» (Dan 2,28).

Aber Gott *weiss* nicht nur, was passieren wird, er *bewirkt* diese Dinge auch (Jes 46,9-11). In der Heiligen Schrift offenbarte Gott seine zukünftigen Pläne seinen Propheten in nahezu jedem Buch der Bibel. Dies tat er durch Träume, Visionen, Erscheinungen und direkte Kommunikation. Heute besitzen wir die vollständige Offenbarung Gottes in der Heiligen Schrift, die insgesamt etwa 1000 Prophezeiungen enthält. Davon sind rund 500 noch nicht erfüllt. Das bedeutet, es werden noch weitere prophezeite Realitäten auf uns zukommen. Unser Gott ist eindeutig ein Gott der Prophetie!

#2 Warum sollte ich an der biblischen Prophetie interessiert sein?

Warum ist Prophetie so wichtig? Warum will Gott uns zeigen, was er in der Zukunft tun wird? Und inwiefern beeinflusst dieses Wissen unser Leben heute? Hier sind sieben zwingende Gründe, weshalb die biblische Prophetie so wichtig ist.

1. Die Prophetie ist ein Teil der Bibel (2Tim 3,16-17). Das mag zwar offenkundig sein, aber wenn Gott etwas in der Heiligen Schrift aufgenommen hat, dann um uns etwas über sich selbst, seine Pläne mit der Geschichte, mit der Menschheit und mit seinen Kindern deutlich zu machen.

2. Die Prophetie macht zirka 28 Prozent der ganzen Bibel aus. Entfernt man sie aus dem Wort Gottes, nimmt man der Heiligen Schrift einen bedeutenden Teil ihres übernatürlichen Charakters. Beachten Sie folgende Fakten:

- Einer von 30 neutestamentlichen Versen enthält Prophetie.
- Insgesamt 8000 Verse sind prophetisch.
- 23 der 27 neutestamentlichen Bücher erwähnen das zweite Kommen Jesu.

- Auf jeden Vers, der das erste Kommen Jesu erwähnt, kommen *acht* Verse, die vom zweiten Kommen handeln.
- Die erste Prophezeiung über Christus findet sich in 1. Mose 3,15.
- Es gibt 333 Prophezeiungen über Christus. Nur 109 von ihnen wurden bei seinem ersten Kommen erfüllt. Das bedeutet, dass die Erfüllung von 224 Prophezeiungen noch aussteht.

3. Jesus sagte, letzten Endes werde jedes Wort und jeder Buchstabe der Schrift erfüllt (Mt 5,17-18). Jede alttestamentliche Prophezeiung über den Messias ging in Erfüllung – so wörtlich und präzise, wie die Heilige Schrift es vorausgesagt hat. Angesichts dieser Erfolgsbilanz ist anzunehmen, dass jede zukünftige Prophezeiung ebenso wörtlich erfüllt wird. Die Bibel ist absolut fehlerfrei – sie hat noch nie in einem Punkt der Prophetie danebengelegen. Bisher ist alles bis ins kleinste Detail eingetroffen.[1]

---

1 Siehe z. B. die Prophezeiungen und deren Erfüllung in Micha 5,1 und Matthäus 2,1-6; Jesaja 7,14 und Matthäus 1,21-23; Daniel 9,24-25 und Lukas 19,37-42; Sacharja 9,9 und Matthäus 21,4-5; Sacharja 11,12 und Matthäus 26,14-15; Psalm 22,19 und Matthäus 27,35; Psalm 22,2 und Matthäus 27,46; Jesaja 53,12 und Markus 15,27-28.

4. Das letzte Buch der Bibel besteht aus 95 Prozent Prophetie. Gott hätte seine schriftliche Offenbarung an die Menschen auf jede von ihm gewünschte Art beenden können, und dennoch entschied er sich, uns eine Vorschau auf die zukünftige Geschichte zu geben. Letzte Worte sind bleibende Worte. Gott muss die Absicht gehabt haben, uns Einblick in die Zukunft zu gewähren, denn sein letztes Wort handelt genau davon.

ALLE BISHERIGEN PROPHEZEIUNGEN
WURDEN WÖRTLICH ERFÜLLT.
DESHALB WERDEN
ALLE ÜBRIGEN PROPHEZEIUNGEN
EBENSO WÖRTLICH ERFÜLLT.

5. Die Prophetie ist von so grosser Bedeutung, weil Gott nicht möchte, dass seine Kinder unwissend über die Endzeit sind (1Thess 4,13-18; 2Thess 2,1-5). Warum das? Wenn wir nichts über die prophetische Zukunft wissen, kann das Angst, Sorge und Unsicherheit in uns erzeugen. Es macht uns auch anfällig für Falschinformationen, Irrlehrer, falsche Glaubensinhalte, Sensationsmache, Spekulationen, Verschwörungstheorien und aus der Luft gegriffene Vorhersagen. Unsere Zukunftsängste können zum Glück überwunden werden, wenn wir das prophetische Wort Gottes lesen und ihm vertrauen, dass er es erfüllt.

6. Die Prophetie ist wichtig, weil wir in einer besonderen Zeit leben. Seit Jesus auf der Erde war, gab es keine Zeit, in der die Erfüllung der endzeitlichen Prophezeiungen wahrscheinlicher war als heute. Alle Zeichen deuten darauf hin, dass wir in den letzten Tagen leben. Und da die Ereignisse der Offenbarung schon bald eintreffen könnten, war die biblische Prophetie für Christen noch nie so real und relevant.

7. Die biblische Prophetie ist auch deshalb so bedeutend, weil sie uns Folgendes gibt:

- Klarheit (2Thess 2,1-3.5). Die Prophetie löst den Nebel auf und liefert uns eindeutige und konkrete Wahrheiten über das, was auf uns zukommt.
- Vertrauen (2Thess 2,1-3.5). Wenn Sie erst einmal sehen, was vor Ihnen liegt, können Sie vertrauensvoll und sicher vorangehen. Sie müssen nicht zaghaft Dinge glauben, die die Entrückung, die Drangsalszeit, den Antichristen oder das zweite Kommen Jesu betreffen. Die prophetischen Schriften geben Ihnen Erkenntnis und Weisheit und stärken Ihren Glauben.
- Glauben (Offb 4). Die *Kraft* unseres Glaubens steht in einem direkt proportionalen Verhältnis zum *Gegenstand* unseres Glaubens. Wenn Gott auf seinem Thron sitzt und die Geschichte auf ihr festgelegtes Ende hinlenkt, können wir in dem Wissen ruhen, dass er nicht nur die Zukunft, sondern auch uns in seiner Hand hält. Das Studium der Prophetie führt nie zu Furcht. Es stärkt nur den Glauben.
- Hoffnung (Tit 2,11-15; 1Thess 4,13). In der Bibel ist Hoffnung kein Wunsch, sondern vielmehr eine *zuversichtliche Erwartung*. Die Rückkehr Jesu für seine Braut wird «glückselige Hoffnung» genannt (Tit 2,13). Diese Hoffnung erfüllt

uns mit Erwartung.[2] Und sie wird uns nicht enttäuschen (Röm 5,3-5).

- Liebe für Jesus (Offb 19,10). Das ist richtig; wenn Sie die biblische Prophetie studieren, führt sie Sie direkt zu Jesus. Das liegt daran, dass das letztendliche Ziel der Prophetie der Herr Jesus Christus ist. Je intensiver Sie die Prophetie studieren, umso enger und vertrauter wird Ihre Beziehung zu Ihrem Erlöser!

Wie Sie sehen, hat Gottes prophetischer Plan für die Zukunft auch eindeutige Auswirkungen auf Ihr Leben. Aus diesem

---

2 Siehe zum Beispiel:
Römer 13,11: «Und dieses sollen wir tun als solche, die die Zeit [gr., *kairos*: Ära, Zeitalter] verstehen, dass nämlich die Stunde schon da ist.»
Römer 13,12: «Die Nacht ist vorgerückt, der Tag aber ist nahe.»
1. Korinther 1,7: «... während ihr die Offenbarung unseres Herrn Jesus Christus erwartet».
1. Korinther 16,22: «Maranatha» (wurde von der frühen Gemeinde anstelle eines «Hallo» oder «Auf Wiedersehen» verwendet), von einem aramäischen Ausdruck mit der Bedeutung «Unser Herr, komm».
Philipper 3,20: «... im Himmel, von woher wir auch den Herrn Jesus Christus erwarten als den Retter».
Philipper 4,5: «Der Herr ist nahe!»
1. Thessalonicher 1,10: «... um seinen Sohn aus dem Himmel zu erwarten».
Titus 2,13: «... indem wir die glückselige Hoffnung erwarten und die Erscheinung ... unseres Retters Jesus Christus».
Hebräer 9,28: «So wird der Christus ... zum zweiten Mal denen erscheinen, die auf ihn warten, nicht wegen der Sünde, sondern zum Heil.»
Hebräer 10,25: «... sondern einander ermahnen, und das umso mehr, als ihr den Tag herannahen seht!».
Hebräer 10,37: «Denn noch eine kleine, ganz kleine Weile, dann wird der kommen, der kommen soll, und wird nicht auf sich warten lassen.»
Jakobus 5,7-8: «So wartet nun geduldig, ihr Brüder, bis zur Wiederkunft des Herrn! ... So wartet auch ihr geduldig; stärkt eure Herzen, denn die Wiederkunft des Herrn ist nahe!»
1. Petrus 1,13: «Darum ... setzt eure Hoffnung ganz auf die Gnade, die euch zuteil wird in der Offenbarung Jesu Christi.»
1. Petrus 4,7: «Es ist aber nahe gekommen das Ende aller Dinge.»
1. Johannes 2,18: «... daran erkennen wir, dass es die letzte Stunde ist».
Judas 1,21: «... indem ihr die Barmherzigkeit unseres Herrn Jesus Christus erwartet ...» (Elberfelder 2003).
Offenbarung 3,11: «Siehe, ich komme bald; halte fest, was du hast.»
Offenbarung 22,7: «Siehe, ich komme bald!»
Offenbarung 22,12: «Und siehe, *ich komme bald.*»
Offenbarung 22,20: «Ja, ich komme bald!»

Grund ist die biblische Prophetie ein wesentlicher Bestandteil unserer geistlichen Nahrung.

#3 Wo in der Bibel finden wir prophetische Aussagen?

Von den 31 124 Versen in der Bibel enthalten mindestens 8352 prophetische Aussagen (ca. 27 Prozent). Von diesen 8352 prophetischen Versen wurden 6312 bereits erfüllt. Das bedeutet, 2040 Verse enthalten Prophezeiungen, die in der Gegenwart und der zukünftigen Endzeit erfüllt werden.[3] Die erste Prophezeiung der Bibel steht in 1. Mose 2,17, die letzte in Offenbarung 22,20. Zwischen diesen beiden finden sich prophetische Aussagen sowohl in einzelnen Versen als auch in langen zusammenhängenden Abschnitten.

3 J. Barton Payne, *Encyclopedia of Biblical Prophecy: The Complete Guide to Scriptural Predictions and Their Fulfillment* (New York: Harper & Row, 1973), S. 681–682.

Bestimmte Bücher – insbesondere die 16 Bücher, die nach alttestamentlichen Propheten benannt sind, sowie das Buch der Offenbarung im Neuen Testament – legen einen deutlichen Schwerpunkt auf die Prophetie. So sind beispielsweise 8 der 12 Kapitel im Buch Daniel prophetischer Natur, und 18 von 21 Kapiteln in der Offenbarung enthalten Prophezeiungen über die zukünftige Drangsalszeit, das Tausendjährige Reich und den ewigen Zustand. Eine kleine Zahl der biblischen Bücher – wie Esther und das Lied der Lieder – enthalten keine speziell offenkundigen Prophezeiungen, sondern nur prophetische Vorbilder und Figuren, die mit verschiedenen prophetischen Themen und Details verbunden sind.

Das Hauptthema der Prophetie ist fraglos das Kommen des Messias. 1. Mose 3,15 hat vorausgesagt, dass der Samen der Frau (der von einer Jungfrau geborene Erlöser) der Schlange eines Tages den Kopf zertreten wird. Ab diesem Vers bis zum Ende der Offenbarung stehen die wichtigen prophetischen Themen in erster Linie mit dem ersten und dem zweiten Kommen Jesu in Verbindung. Es gibt mehr als 300 Prophezeiungen über das erste Kommen Christi, und für jede Prophezeiung über sein erstes Kommen lassen sich acht finden, die sich auf das zweite beziehen. Das Alte Testament enthält mehr als 1800 Hinweise auf die Rückkehr Jesu. Einer von 30 neutestamentlichen Versen handelt von seiner Rückkehr. Von den 27 neutestamentlichen Büchern sprechen 23 vom zweiten Kommen.

Die Prophetie ist das Rückgrat der Bibel. Jede wichtige Person, jede theologische Linie und jedes wichtige Thema ist direkt mit der biblischen Prophetie verbunden. Die erfüllte Prophetie ist das integrierte Überprüfungssystem, das beweist, dass die Bibel tatsächlich das Wort Gottes ist. Gott deutet oft auf die

Prophetie hin, um sein Wort und sein Wesen zu beweisen. Die erfüllte Prophetie unterscheidet die Bibel von jedem anderen religiösen Werk. Man kann die Heilige Schrift nicht studieren, ohne auf Prophetie zu stossen.

#4 Gibt es überzeugende Beispiele für erfüllte biblische Prophetie?

Ja! Die Prophezeiungen der Bibel sind nicht etwa vage oder nebensächlich. Die Bibel ist voll klarer, überzeugender und detaillierter Vorhersagen zukünftiger Ereignisse. Hier einige Beispiele:

Messianische Prophezeiungen

Es gibt 109 verschiedene Prophezeiungen (oder mehr als 300, wenn man die Prophezeiungen mitzählt, die in irgendeiner Form wiederholt werden) über den Messias, die beim ersten Kommen Jesu erfüllt wurden. Konkrete Details hinsichtlich des Zeitpunkts, der Umstände, der Abstammung, seines Geburtsortes, der Art seines Lebens und Dienstes sowie Einzelheiten über Tod, Grablegung und Auferstehung wurden vor langer Zeit in den alttestamentlichen Schriften vorausgesagt. Daniel 9 sagte den konkreten Zeitpunkt des ersten Kommens Christi voraus (bis auf den Tag genau), und Jesaja 53 und Psalm 22 stellten die Kreuzigung Hunderte von Jahren vor der Geburt Christi oder der Existenz des Römischen Reiches dar.

Prophezeiungen über grosse Weltreiche

Im zweiten Kapitel seines gleichnamigen Buches – geschrieben im 6. Jahrhundert v. Chr. – legt der Prophet Daniel in der Babylonischen Gefangenschaft dem König Nebukadnezar den Traum von einer Statue aus. Die im Traum aufgetauchte Statue hatte einen Kopf aus Gold, Brust und Arme aus Silber, Bauch und Lenden aus Erz, Beine aus Eisen und Füsse und Zehen teilweise aus Eisen und Ton.

Daniel sagte, auf das erste Reich in Nebukadnezars Traum – das babylonische Reich – würden drei weitere Weltreiche folgen, bevor das Standbild zusammenbreche. Genau so ist es gekommen.

Von Daniels Zeit bis heute berichtet die Geschichte von einer Abfolge von vier zunehmend grösseren Weltreichen, symbolisiert durch die Metalle, für die sie jeweils bekannt waren: Babylon, Medo-Persien, Griechenland und Rom. Anschliessend wird das vierte Reich als Mischung (Eisen und Ton) aus starken und schwachen Nationalstaaten beschrieben. Der letzte Zustand dieser Reiche besteht aus zehn Zehen, die zehn mächtige Herrscher in der Drangsalszeit repräsentieren.

Prophezeiungen über Israel und das jüdische Volk

Viele Prophetie-Experten nennen die Neugründung Israels im Jahr 1948 das Superzeichen. Das hat im Wesentlichen zwei Gründe. Erstens hängen alle anderen Zeichen der Endzeit von diesem einen Zeichen ab. Kein anderes endzeitliches Zeichen konnte eintreffen, solange Israel nicht wieder eine Nation geworden war. Zweitens bezeichnen Experten es als das Superzeichen aufgrund seiner schieren Grösse. Statistisch ist es unmöglich, dieses Zeichen mit allen seinen Details und notwendigen Vorbedingungen vorauszusagen und es in der heutigen Zeit in Erfüllung gehen zu sehen.

In Jeremia 16,14-15 lesen wir: «Doch siehe, es kommen Tage, ... da man nicht mehr sagen wird: ‹So wahr der HERR lebt, der die Kinder Israels aus dem Land Ägypten heraufgeführt hat!›, sondern: ‹So wahr der HERR lebt, der die Kinder Israels heraufgeführt hat aus dem Land des Nordens und aus allen Ländern, wohin er sie verstossen hatte!› Denn ich will sie wieder in ihr Land zurückbringen, das ich ihren Vätern gegeben habe.»

Die Rückkehr des zerstreuten jüdischen Volkes in sein ursprüngliches Heimatland, verkündete Gott, sollte als ein grösseres Wunder angesehen werden als die Teilung des Roten Meeres! Tausende Jahre alte Prophezeiungen haben verschiedene Szenarien in grosser Detailfülle vorausgesagt: die Zerstreuung des jüdischen Volkes im Jahr 70 n. Chr., seine Misshandlung und seine Bewahrung während der weltweiten Zerstreuung, die Verwüstung des Landes Israels in seiner Abwesenheit, die Rückkehr des jüdischen Volkes in dasselbe Land, die Wiedergeburt Israels als Nation, die danach folgenden Angriffe seitens angrenzender Feinde, die zunehmende finanzielle und militärische Stärke des modernen Israel, die globale Beschäftigung mit der kleinen Nation Israel und die exakte geopolitische Lage im heutigen Nahen Osten.

#5 Woher wissen wir, dass Jesus buchstäblich auf die Erde zurückkehren wird?

Die Braut Jesu verbreitet die Botschaft seiner Rückkehr seit etwa 2000 Jahren. Wie können wir uns sicher sein, dass er tatsächlich *körperlich* zurückkehren wird? Hier sind zehn Gründe, die diese Überzeugung stützen:

1. Die Geburt und die Existenz Jesu sind unumstössliche Tatsachen. Das bestätigen sowohl religiöse als auch säkulare Historiker.[4] Etwas anderes zu behaupten, wäre absolut aus der Luft gegriffen und ignorant.
2. Die Auferstehung Jesu in einem physischen Körper fand ebenso buchstäblich statt. Als Christus von den Toten auferstand, hatte er einen physischen, wenn auch verherrlichten Körper (1Kor 15,44).[5]

---

4 *Säkulare Quellen:* Josephus, Tacitus, Plinius der Jüngere, Lukian, Phlegon, Celsus, Mara Bar Serapion, Sueton und Thallus. *Neutestamentliche Quellen:* Matthäus, Markus, Lukas, Johannes, Paulus, der Verfasser des Hebräerbriefes, Jakobus, Petrus und Judas. *Ausserbiblische christliche Quellen:* Klemens von Rom, Zweiter Klemensbrief, Ignatius von Antiochia, Polykarp, Martyrium des Polykarp, Didache, Barnabas, Hirt des Hermas, Fragmente des Papias, Justin der Märtyrer, Aristides, Athenagoras, Theophilus von Antiochia, Quadratus, Ariston von Pella, Melito von Sardes, Diognet, Evangelium des Petrus, Offenbarung des Petrus und Epistula Apostolorum. Evan Minton, «Did Jesus Exist?», *CrossExamined.org*, 9. September 2018, https://crossexamined.org/did-jesus-exist.

5 Lukas 24,39. Siehe auch Johannes 20,17.20.27-28.

3. Jesus hatte verheissen, am Ende des Zeitalters körperlich zurückzukehren (Mt 16,27; 24,30-44; Lk 21,34-36; Offb 19,11-16). Im Neuen Testament finden sich mehr als 300 Hinweise auf dieses Ereignis.
4. Bei der Himmelfahrt Jesu versprachen die beiden anwesenden Engel, dass er körperlich zurückkommen werde an denselben Ort (Apg 1,9-11). Eine physische Himmelfahrt weist auf eine physische Rückkehr hin.
5. Paulus sprach von «der *Offenbarung* des Herrn Jesus vom Himmel her mit den Engeln seiner Macht in flammendem Feuer» (2Thess 1,7; s. auch Mt 24,30). Absolut wörtlich gemeint, nicht symbolisch.
6. Jesus kehrt *sichtbar* zurück, und «jedes Auge wird ihn sehen» (Offb 1,7; Mt 24,27-30; 26,64).
7. In Verbindung mit seinem Kommen nennt die Bibel konkrete geografische Orte: Harmageddon (Offb 16,16), den Ölberg (Sach 14,3-4; Apg 1,9-11) und Jerusalem (Sach 12,1-3; 14,2; Offb 16,17-21).
8. Bei Harmageddon werden sich die Armeen der Welt gegen den zurückkehrenden Christus versammeln (Offb 19,19-21). Jesus und seine Armeen werden auf weissen Pferden sitzen (Offb 19,11.14).
9. Das zweite Kommen Jesu leitet ein buchstäblich Tausendjähriges Reich ein (Offb 19–20).
10. Das Verständnis von der physischen Rückkehr Jesu basiert auf einer wörtlichen Auslegung der ganzen Heiligen Schrift, einschliesslich der Offenbarung. Die frühe

Gemeinde übernahm diesen Auslegungsansatz und erwartete täglich, dass Jesus für sie zurückkommt.[6]

Das zweite Kommen Jesu Christi ist der Höhepunkt der prophetischen Erzählung der Offenbarung. Alle Hinweise legen nahe, dass die Bibel eine wörtliche, körperliche Rückkehr unseres Herrn in der Zukunft prophezeit.

Alle bisherigen Prophezeiungen wurden wörtlich erfüllt, was bedeutet, dass alle zukünftigen ebenso wörtlich erfüllt werden.

6 Dieser Geist der Erwartung kommt in den folgenden Versen zum Ausdruck:
Römer 13,11: «Und dieses sollen wir tun als solche, die die Zeit verstehen, dass nämlich die Stunde schon da ist.»
Römer 13,12: «Die Nacht ist vorgerückt, der Tag aber ist nahe.»
1. Korinther 1,7: «... während ihr die Offenbarung unseres Herrn Jesus Christus erwartet».
1. Korinther 16,22: «Maranatha!» (wurde von der frühen Gemeinde anstelle eines «Hallo» oder «Auf Wiedersehen» benutzt, von einem aramäischen Ausdruck mit der Bedeutung «Unser Herr, komm!»).
Philipper 3,20: «Unser Bürgerrecht aber ist im Himmel, von woher wir auch den Herrn Jesus Christus erwarten als den Retter.»
Philipper 4,5: «Der Herr ist nahe!»
1. Thessalonicher 1,10: «... um seinen Sohn aus dem Himmel zu erwarten».
Titus 2,13: «... indem wir die glückselige Hoffnung erwarten und die Erscheinung ... unseres Retters Jesus Christus».
Hebräer 9,28: «So wird der Christus ... zum zweiten Mal denen erscheinen, die auf ihn warten, nicht wegen der Sünde, sondern zum Heil.»
Hebräer 10,25: «... sondern einander ermahnen, und das umso mehr, als ihr den Tag herannahen seht!».
Hebräer 10,37: «Denn noch eine kleine, ganz kleine Weile, dann wird der kommen, der kommen soll, und wird nicht auf sich warten lassen.»
Jakobus 5,7-8: «So wartet nun geduldig, ihr Brüder, bis zur Wiederkunft des Herrn! ... So wartet auch ihr geduldig; stärkt eure Herzen, denn die Wiederkunft des Herrn ist nahe!»
1. Petrus 1,13: «Darum ... setzt eure Hoffnung ganz auf die Gnade, die euch zuteil wird in der Offenbarung Jesu Christi.»
1. Petrus 4,7: «Es ist aber nahe gekommen das Ende aller Dinge.»
1. Johannes 2,18: «... daran erkennen wir, dass es die letzte Stunde ist».
Judas 1,21: «... indem ihr die Barmherzigkeit unseres Herrn Jesus Christus erwartet ...» (Elberfelder 2003).
Offenbarung 3,11: «Siehe, ich komme bald; halte fest, was du hast.»
Offenbarung 22,7: «Siehe, ich komme bald!»
Offenbarung 22,12: «Und siehe, ich komme bald.»
Offenbarung 22,20: «Ja, ich komme bald!»
Auszüge aus Jeff Kinley, *Wake the Bride* (Eugene, OR: Harvest House Publishers, 2015), S. 77–79.

#6 Wie kann die biblische Prophetie dazu beitragen, Skeptiker und Ungläubige zu überzeugen?

Was die Glaubwürdigkeit der Bibel angeht, ist nichts überzeugender als erfüllte Prophetie. Vergessen Sie nicht, jeder Christ ist ein Apologet (Verteidiger des Glaubens), nicht nur Pastoren und «Professionelle» (Jud 1,3; 1Petr 3,15). Dennoch ist niemand von uns in der Lage, einen widerwilligen Skeptiker oder einen völlig verschlossenen Ungläubigen zu überzeugen. Aber zum Glück möchte Gott sein Wort gerne durch Menschen wie uns wirken lassen, um andere zur Errettung zu führen (2Kor 5,11).

Im Folgenden möchten wir vier Gründe anführen, warum sich der Glaube mit der biblischen Prophetie wirksam verteidigen lässt.

1. Was erfüllte Prophezeiungen angeht, lag die Bibel noch nie, auch nur ansatzweise, daneben. Sie hat immer ins Schwarze getroffen, exakt wie Gott es vorausgesagt hat. Jede Prophezeiung über das erste Kommen des Messias wurde wörtlich und genau so erfüllt, wie es das Alte Testament berichtete. Wenn sich nur *eine* dieser Prophezeiungen als falsch herausgestellt hätte oder unerfüllt geblieben wäre, gäbe es Anlass, die Authentizität der Bibel anzuzweifeln. Da die bisherigen Prophezeiungen eingetroffen sind, können wir erwarten, dass sich alle nachfolgenden Prophezeiungen genauso wörtlich erfüllen werden.

2. Die erfüllte Prophetie ist der stärkste Beweis für die göttliche Urheberschaft der Bibel, denn allein Gott ist in der Lage, die Zukunft Hunderte und Tausende von Jahren im Voraus kundzutun.[7] Hier sind nur ein paar der mehr als 300 Prophezeiungen, die Jesus bei seinem ersten Kommen erfüllt hat:

- Er sollte von einer Jungfrau geboren werden (1Mo 3,15; Gal 4,4; Jes 7,14; Mt 1,22-23).
- Der Name seines Geburtsortes wurde genannt (Mi 5,1; Mt 2,5-6; Lk 2,4-6).
- Er sollte auf einem Esel nach Jerusalem hineinreiten (Sach 9,9; Mt 21,4-5).
- Er werde misshandelt und geschlagen werden (Jes 50,6; Mt 26,67; 27,26).
- Er sollte für Geld verraten werden (Sach 11,12-13; Mt 27,9-10).
- Seine Hände und Füsse sollten durchstochen werden (Ps 22,17; Sach 12,10; Joh 20,24-28).
- Er werde an der Seite von Verbrechern sterben (Jes 53,12; Mt 27,38).
- Seine Knochen sollten am Kreuz nicht gebrochen werden (Ps 34,21; Joh 19,33-36).
- Obschon er zwischen gottlosen Menschen starb, sollte sein Grab bei einem Reichen sein (Jes 53,9; Mt 27,57-60).
- Er werde körperlich von den Toten auferstehen (Ps 16,10; Mt 28,1-7).

7 Jesus selbst erklärte, dass letzten Endes jedes einzelne Wort Gottes erfüllt wird, bis hin zu den Satzzeichen (Mt 5,17-18)!

Die Chancen, dass eine Person *nur acht* dieser Prophezeiungen erfüllt, liegen bei 1 zu 1 000 000 000 000 000! Oder eins zu einer Billiarde.[8]

3. Da die Bibel in Bezug auf die erfüllte Prophetie präzise und glaubwürdig ist, können wir schliessen, dass wir ihr auch in folgenden anderen Bereichen vertrauen können: Wissenschaft, Geschichte, Ethik, Ehe und Familie, Sexualität, Beziehungen und Lebensführung (2Tim 3,16-17; 2Petr 1,2-4).

4. Wir sehen zurzeit, wie sich viele Prophezeiungen der Offenbarung langsam entwickeln. Sie sind so überdeutlich zu erkennen, dass sie schon längst kein Zufall mehr sein können.

Aufgrund der makellosen Erfolgsbilanz der Heiligen Schrift können wir uns absolut sicher sein, dass die Prophezeiungen über das zweite Kommen Jesu sowie Hunderte anderer ebenfalls noch nicht erfüllter Endzeitprophezeiungen mit hundertprozentiger Sicherheit eintreffen werden.

Fakten allein reichen natürlich nicht aus, um einen Menschen zum Umdenken zu bewegen und ihn zum Glauben an Christus zu führen. Dazu brauchen wir die wunderbare Kraft des Geistes Gottes, der die Menschen zu Jesus ziehen und sie von ihrer Sünde überzeugen muss. Nur er kann ihnen deutlich machen, wie dringend sie einen Erlöser brauchen (Joh 6,44.65; 16,7-11).

In der Heiligen Schrift steht, dass in der Endzeit viele über die Prophezeiungen der letzten Tage spotten werden (2Petr 3,3-9). Das macht den Wert einer auf der Prophetie basierenden Apologetik (Verteidigung des Glaubens) nur umso deutlicher.

---

8 Peter Stoner, *Science Speaks* (Chicago: Moody Press, 1969), S. 106–107.

#7 | Wie sollen wir mit der Prophetie umgehen?

Waren Sie schon einmal in einem dunklen Raum, wo langsam das Licht anging und Ihre Augen Zeit hatten, sich anzupassen? Wenn Sie diese Erfahrung kennen, dann begreifen Sie ein Stück weit, wie Gott seinem Volk die Bibel geoffenbart hat. Angefangen mit den grundlegenden Wahrheiten, fügte er seiner Offenbarung im Lauf von etwa 1500 Jahren schrittweise neue Einsichten hinzu. Theologen nennen das fortschreitende Offenbarung, was bedeutet, dass Gottes Wahrheit nicht mit einem Mal, sondern in Raten zu uns kam.

Auch die biblische Prophetie wurde uns auf diese Weise gegeben. Jeder Prophet empfing nur einen Teil dessen, was geoffenbart und später erfüllt werden sollte. Adam und Eva wussten nicht, was Mose wusste. Und Mose war nicht bekannt, was Jesaja wusste. Und Jesaja blieb verborgen, was Johannes dem Täufer geoffenbart wurde. Johannes der Täufer wusste nicht, was Paulus kannte. Und Paulus wusste nicht alles, was Jesus Johannes offenbarte.

Im ganzen Alten und Neuen Testament verlangte Gott ein gewisses Mass an Gehorsam entsprechend der bis zum jeweiligen Zeitpunkt gegebenen Offenbarung. Die Grundlage für Errettung und Sündenvergebung ist von Adam bis heute immer dieselbe geblieben – das vergossene Blut eines stellvertretenden Opfers, im Alten Testament symbolisiert durch Stiere und Ziegen und letzten Endes dargebracht von Jesus Christus. Was die Gläubigen glaubten, unterschied sich jedoch fortschreitend von Zeitalter zu Zeitalter, abhängig vom Ausmass der Offenbarung Gottes. Manche Theologen nennen diese Zeitalter Dispensationen oder Haushaltungen. In jeder Haushaltung sollten die Gläubigen entsprechend dem Licht der Offenbarung leben, das ihnen gegeben wurde.

Das Prinzip der Haushaltung gilt auch für die biblische Prophetie. Der Prophet Micha kannte den Namen des Geburtsorts des Messias (Mi 5,1), aber vom zukünftigen Reich des Antichristen wusste er nichts (Dan 2 und 7). Paulus schrieb von der glückseligen Hoffnung der Entrückung (1Thess 4,13-18), aber die Siegel-, Schalen- und Posaunengerichte wurden ihm nicht geoffenbart (Offb 6–19).[9]

Jetzt, da die Bibel fertig geschrieben und Gottes Offenbarung vollständig ist, haben wir das Privileg, alle biblischen Prophezeiungen lesen zu können. Alle Puzzleteile liegen auf dem Tisch, und die richtigen Methoden des Bibelstudiums sowie die Leitung und Erleuchtung durch den Heiligen

9 Hier geht es um das Prinzip des Gehorsams gegenüber einem gewissen Mass an Erkenntnis, nicht darum, dass es zwei unterschiedliche Dispensationen (Haushaltungen) in der Zeit der Gemeinde gab.

Geist helfen uns, die Botschaft der Heiligen Schrift zu verstehen. Und aufgrund dieser vollständigen Offenbarung hat unsere Generation mehr Verantwortung als jede andere seit Anbeginn der Schöpfung. Gehorsam gegenüber dem zu sein, was Gott uns durch die Prophetie gegeben hat, ist in diesen letzten Tagen wichtiger als jemals zuvor.

#8 | Wer waren die Propheten?

In der Geschichte Israels gab es einen (ungefähr) 300 Jahre umfassenden Zeitraum, in dem mehrere Propheten ausgesandt wurden, um das jüdische Volk zur Rückkehr zum Herrn aufzurufen. Sie hielten die Prophezeiungen in Büchern fest, die ihren Namen trugen. Die Bücher der Propheten lassen sich in zwei Kategorien einteilen – die grossen Propheten und die kleinen Propheten. Das bedeutet nicht, dass einige wichtiger sind als andere, aber die Bücher der grossen Propheten sind umfangreicher als die der kleinen.

Die Propheten hielten sowohl Prophezeiungen über ihre Zeit fest als auch viele Endzeitprophezeiungen. Diese sind bekannt als die Berggipfel der biblischen Prophetie. Als die Propheten die Zukunft voraussagten, wechselten sie häufig hin und her zwischen kurz bevorstehenden Begebenheiten und Endzeitereignissen. Ihnen war nicht immer bewusst, wie viel Zeit zwischen den Berggipfeln lag. Sie zeichneten nur auf, was ihnen gesagt wurde, und wussten oft gar nicht, wovon ihre Prophezeiungen handelten. Mehr als einmal brachte Daniel seine Verwirrung über einige Prophezeiungen zum Ausdruck. Ihm wurde mitgeteilt, dass manche Prophezeiungen bis zur Zeit des Endes verschlossen und versiegelt bleiben sollten (Dan 12,4.8-9).

Zur Zeit der Propheten war das Land zweigeteilt, Israel im Norden und Juda im Süden. Einige Propheten lebten in Israel und andere in Juda. Wiederum andere, so wie Daniel, waren fern ihres Heimatlandes in der Gefangenschaft. Zu den grossen Propheten gehörten Jesaja, Jeremia, Hesekiel und Daniel. Hosea, Joel, Amos, Obadja, Jona, Micha, Nahum, Habakuk, Zefanja, Haggai, Sacharja und Maleachi bildeten die kleinen Propheten.

Zusätzlich zu diesen bekannten Personen gab es viele weitere Propheten in der Bibel, wie zum Beispiel Elia und Elisa. Petrus und Paulus waren in dem Sinne Propheten, dass sie zukünftige Ereignisse voraussagten. Das tat auch Judas. Der bekannteste neutestamentliche Prophet ist Johannes. Er war der engste Jünger Jesu und schrieb das Buch der Offenbarung – das letzte Buch des Neuen Testaments mit dem grössten Anteil an Prophetie.

#9 Gibt es Prophezeiungen, die in unserer Zeit erfüllt wurden?

Die Wiedergeburt Israels im Jahr 1948 war definitiv ein Stück erfüllte Prophetie (Jes 66,8), das die Bühne zu bereiten begann für die Erfüllung aller noch ausstehenden Endzeitprophezeiungen. Andere mit Israel und dem jüdischen Volk verknüpfte Prophezeiungen wurden ebenfalls in unserer Zeit erfüllt. So hat die Bibel beispielsweise prophezeit, dass das jüdische Volk aus der ganzen Welt nach Israel zurückkehren werde (Jes 43,5-6; Jer 16,14-15; Hes 36,22-24). In den letzten mehr als 120 Jahren haben über 3,5 Millionen Juden ihre Staatsbürgerschaft geändert und sind aus allen Teilen der Welt nach Israel eingewandert. Diese Prophezeiung wird weiter erfüllt, indem Zehntausende von Juden jedes Jahr in ihr altes Heimatland zurückkehren.

In der Heiligen Schrift wurde ebenso vorausgesagt, dass das Land Israel für lange Zeit eine Einöde sein werde, aber bei der Rückkehr des Volkes wieder fruchtbar gemacht wird (Hes 36,33-36; 38,8), dass Israel eine reiche und aufblühende Nation wird (Jer 31,23; Hes 38,10-13), dass das Volk einst wieder die Kontrolle über Jerusalem bekomme (Sach 8,4-8; Lk 21,24), dass es wieder grosse militärische Stärke erlangt (Sach 12,6) und dass sich die Völker der Welt an Israel und seinen Grenzen stören (Sach 12,2-3). All diese Prophezeiungen wurden in unseren Tagen erfüllt und werden es noch. Sie sind nötig für alle Prophezeiungen, die mit dem Tausendjährigen Reich verbunden sind.

Wir sehen auch den prophezeiten Abfall vom Glauben in der Gemeinde (1Tim 4,1-3; 2Tim 4,3-4; Offb 3,14-22), die Zunahme von Erkenntnis (Dan 12,4), die von Jesus angesprochene Gesetzlosigkeit (Mt 24,12) und alle Merkmale der Endzeit, die Paulus in 2. Timotheus 3,1-5 schildert:

> Das aber sollst du wissen, dass in den letzten Tagen schlimme Zeiten eintreten werden. Denn die Menschen werden sich selbst lieben, geldgierig sein, prahlerisch, überheblich, Lästerer, den Eltern ungehorsam, undankbar, unheilig, lieblos, unversöhnlich, verleumderisch, unbeherrscht, gewalttätig, dem Guten feind, Verräter, leichtsinnig, aufgeblasen; sie lieben das Vergnügen mehr als Gott; dabei haben sie den äusseren Schein von Gottesfurcht, deren Kraft aber verleugnen sie. Von solchen wende dich ab!

Ausser diesen konkreten, in der heutigen Zeit erfüllten Prophezeiungen finden sich auch mehrere prophetische endzeitliche Bedingungen, die mit der Gemeinde und den heidnischen (nichtjüdischen) Nationen in Verbindung stehen, die sich in unserer Zeit deutlich abzeichnen.

Man sagt, je näher wir der zukünftigen Drangsalszeit kommen, desto stärker wird sie ihre Schatten auf die Zeit der Gemeinde werfen. Die Prophetie ereignet sich nicht in einem luftleeren Raum, und wenn wir dem Ende des Gemeindezeitalters näherkommen, sollten wir damit rechnen, dass diese Verhältnisse in eine bestimmte Richtung gehen – und das tun sie auch.

DIE DRANGSALSZEIT WIRFT IHRE SCHATTEN VORAUS.

#10 Wie sollten Christen leben, wenn Jesus an jedem Tag zurückkehren könnte?

Die Realität der Entrückung verändert unser Leben in vielerlei Hinsicht auf positive Weise. Allerdings geht das nicht ohne ein gewisses Mass an Spannung. Wenn Jesus also wirklich heute zurückkommen könnte, sollten wir unser Leben dann so führen, wie wir es immer tun? Oder sollten wir uns nicht vielmehr auf die «geistlichen Dinge» konzentrieren?

Auf Christus zu warten, bedeutet nicht, dass wir all unseren Besitz verkaufen, auf den nächsten Berg klettern und bis zu seiner Rückkehr meditieren sollen. Jeder neutestamentliche Gläubige war sich bewusst, dass Jesus jederzeit zurückkehren könnte, um seine Braut zu sich zu nehmen. Und doch ist deutlich zu erkennen, dass sie ihr tägliches Leben einfach fortsetzten. Jesus, Paulus, Johannes und Petrus fordern uns eindringlich auf, dem Herrn treu zu sein, die Finsternis mit Licht zu durchbrechen und ein überzeugendes Leben für den Glauben zu führen.

Wenn wir das im Hinterkopf behalten, können uns die folgenden vier Richtlinien zu diesem Ziel eine Hilfe sein.

Perspektive: Diese Welt ist nicht mein Zuhause

Obwohl wir uns noch hier auf der Erde befinden, ist unser Bürgerrecht im Himmel (Phil 3,20). Unser Zuhause ist beim Herrn. Hier zu bleiben heisst, unser Leben ist Christus, und Sterben ist ein Gewinn (Gal 2,20; Phil 1,21). Das ist eine Win-win-Situation.

Unsere Zeit auf der Erde ist zwar begrenzt, aber das bedeutet nicht, dass sie unwichtig ist. Wie wir momentan leben, bestimmt unseren zukünftigen Lohn im Himmel (1Kor 3,10-15; 2Kor 5,9-10). Somit haben wir sowohl eine irdische als auch eine ewige Perspektive. Unsere Zukunft beeinflusst unsere Gegenwart. Diese Perspektive gibt uns Hoffnung und Mut.

Durchdringung: Ich lasse das Licht Christi in eine finstere Welt leuchten

Es ist kein Geheimnis, dass wir in einer bösen Zeit leben (Eph 5,16). Da es der Generation Jesu nicht anders erging, trug er seinen Jüngern auf, ein Licht für ihn zu sein (Mt 5,14-16).

Würde Jesus seine Braut jetzt im Himmel haben wollen, dann wäre sie bereits dort. Vielleicht werden Sie ein normal langes Leben führen – oder aber morgen schon nach Hause gerufen. Ganz gleich, wie lange wir auf der Erde bleiben, in der Zwischenzeit müssen wir sein Licht ausstrahlen.

Das bedeutet, Gott in den täglichen Dingen, die er uns aufträgt, gehorsam und treu zu sein. Jesus bittet uns nicht, unsere täglichen Verantwortlichkeiten im Leben aufzugeben, um sich allein auf seine Rückkehr zu konzentrieren. Ob er nun heute oder erst in zehn Jahren kommt: Wir halten bis zum Ende durch.

Vorbereitung: Ich bereite mich auf die Begegnung mit dem Herrn vor

Johannes schrieb: «Wir wissen aber, dass wir ihm gleichgestaltet sein werden, wenn er offenbar werden wird; denn wir werden ihn sehen, wie er ist. Und jeder, der diese Hoffnung auf ihn hat, reinigt sich, gleichwie auch er rein ist» (1Joh 3,2-3). Eine Braut wünscht sich nichts mehr, als für ihren Hochzeitstag und ihren Ehemann bereit zu sein. Die Rückkehr Christi hat auf uns dieselbe Wirkung. Sie bringt Sinn und Engagement in unser tägliches Leben und bereitet uns motivierend auf die Begegnung mit ihm vor (2Petr 3,11-13).

Prioritäten: Gott bleibt die Nummer eins in meinem Leben

Jesus machte deutlich, dass unsere Liebe zu ihm alle anderen Beziehungen auf dieser Erde weit übertreffen sollte, einschliesslich der Liebe zu unserem eigenen Leben (Lk 14,25-35). Wenn wir die Welt und die Dinge in ihr mehr lieben als die Dinge Gottes, rutschen wir ab in geistliche Mittelmässigkeit und werden lauwarm (Jak 4,4; 1Joh 2,15-17; Offb 3,14-16). Solange Gott aber unsere erste Priorität bleibt, können wir all diesen anderen Sachen in angemessener Weise nachgehen (Ps 37,4; Mt 6,33). Wir sind frei, ihn zu lieben und unser Leben ganz auszuleben, während wir uns gleichzeitig nach der Rückkehr unseres Erlösers sehnen!

KAPITEL 2

Unterschiedliche Standpunkte

#1 Sollten wir bestimmte Prophezeiungen nicht mehr lehren, weil es dazu verschiedene Meinungen gibt?

Haben Sie sich je gefragt, warum so viele Sichtweisen über die Endzeit existieren? Warum gibt es Spaltungen und Meinungsverschiedenheiten unter Bibelgelehrten und Frommen? Bedeutet diese Uneinigkeit, dass der eigene Standpunkt zur Endzeit unwichtig oder möglicherweise optional ist? Ist es wirklich notwendig, dass wir eine konkrete Auffassung über die Entrückung, die Rückkehr Jesu und das Tausendjährige Reich vertreten? Oder sollten wir offen bleiben und es Gott überlassen, die Details zu klären?

Lassen Sie uns einige der Gründe untersuchen, warum wir es vermeiden, dieses Thema zu lehren oder in der Gemeinde oder mit unseren christlichen Freunden darüber zu reden.

- Wir wollen die Einheit bewahren. Wir meinen, wenn wir darüber sprechen, könnte es Streit geben. Und Streiten entfremdet und spaltet uns, statt uns zusammenzubringen.
- Wir wollen niemanden kränken. Bevor es die sozialen Medien gab, hatten wir nicht annähernd so viel Kontakt zu Christen mit unterschiedlichen Hintergründen, Überzeugungen und Gemeinderichtungen. Das alles hat sich nun geändert. Man sendet nur eine falsche elektronische Nachricht, und schon steht man in Gefahr, Hunderte von Brüdern und Schwestern zu kränken.
- Wir wollen nicht als stolz oder selbstgerecht wahrgenommen werden, weil wir unsere Sicht für die richtige halten. Wenn wir unsere Sicht für uns behalten, könnte uns das helfen, demütig und nicht stolz zu sein.
- Wir wissen einfach noch nicht genug und fühlen uns deshalb nicht sicher, darüber zu sprechen. Auch viele Pastoren sind noch nicht so weit geschult, dieses Thema ausreichend lehren zu können.
- Wir meinen, niemand sei in der Lage, die richtige Sichtweise zu kennen. Wir leben in einer Welt, in der alle *ausser* den Christen richtigliegen können. Und dennoch kann nur eine Sicht der Endzeit richtig sein, da sie sich gegenseitig ausschliessen.

Da Gott uns in seinem Wort so viele Informationen zu diesen prophetischen Ereignissen gegeben hat, müssen sie für ihn von

grosser Bedeutung sein ... und somit auch für uns. Und weil die ganze Heilige Schrift zu unserem Nutzen ist, sind die Lehren über die letzten Tage und die Rückkehr Christi keineswegs unwesentliche oder nebensächliche Themen.

Ausserdem: Zu sagen, die eschatologische Sichtweise (oder die einer bestimmten Lehre) einer Person sei unbedeutend, nur weil Unstimmigkeiten über sie herrschen, heisst, nicht nur die Lehre abzuwerten, sondern auch das Wort Gottes selbst. In der Bibel finden sich viele wichtige Lehren, über die im Lauf der Jahrhunderte heiss diskutiert und gestritten wurde. Das mindert aber nicht im Geringsten die Bedeutung dieser Lehren. Warum sollten wir uns nicht einfach alle Standpunkte anschauen, um herauszufinden, wie andere zu ihren jeweiligen Schlussfolgerungen gekommen sind, statt unterschiedlichen Sichtweisen von vornherein aus dem Weg zu gehen?

#2 | Welche vier Auslegungsmethoden gibt es?

Wie kommen Menschen zu ihren Überzeugungen hinsichtlich der Endzeitprophetie? Und welche Standpunkte ergeben biblisch am meisten Sinn? Ein wichtiges Prinzip ist, dass Ihre

Überzeugung in Bezug auf die Endzeit von Ihrer Herangehensweise an die Bibel bestimmt wird. Bibelauslegung (das Studium der Hermeneutik) ist ein Fachgebiet mit ernsthaften Auswirkungen. *Ihr Ansatz bestimmt stets das Ziel.*

Wenn sich beispielsweise ein Flugzeug der Landebahn nähert, muss sich der Pilot an gewissen Markierungspunkten orientieren, um sie nicht zu verfehlen. Er muss vorab seine Koordinaten einstellen und dann dafür sorgen, dass er den ganzen Weg über auf Kurs bleibt. Wenn er am Anfang seiner Reise von der Flugroute abweicht (und seinen Kurs an keiner Stelle korrigiert), wird er weder die Landebahn, den Flughafen noch die Stadt erreichen! Dasselbe gilt für die Auslegung der Bibel und der Prophetie. Wie Sie anfangen, bestimmt, wo Sie landen. Wenn Sie mit einem fehlerhaften Ansatz starten, werden Sie die «Landebahn» (d. h. die Bedeutung einer Bibelstelle) mit Sicherheit verfehlen.

Die Auslegung der biblischen Prophetie anhand von Numerologie, jüdischen Festen, aktuellen Ereignissen, Naturkatastrophen oder Visionen und Träumen ist höchst subjektiv, unzuverlässig und ungenau. Hier sind einige altbewährte Prinzipien, die Ihnen helfen, die Bibel und ihre prophetischen Abschnitte zu verstehen:

Legen Sie die Heilige Schrift wörtlich aus

Traditionell gibt es zwei generelle Methoden oder Ansätze, wie man die Endzeit studieren kann: die wörtliche und die symbolische oder allegorische Methode. Der wörtliche Ansatz nimmt

Bibelstellen beim Wort und geht davon aus, dass sie genau das sagen, was sie meinen, und meinen, was sie sagen. Eine gute Regel für das Bibelstudium ist: «Wenn die offensichtliche Bedeutung der Heiligen Schrift Sinn ergibt, dann suche nach keinem anderen Sinn ... andernfalls kommt nur *Unsinn* dabei heraus!»[10]

Der allegorische Ansatz vertritt hingegen den Standpunkt, dass die Worte der Bibel auf etwas anderes hindeuten und für gewöhnlich eine tiefere geistliche Bedeutung haben. Der wörtliche Ansatz führt Sie zu bestimmten Ansichten über die Offenbarung und die Endzeit, während der allegorische Ansatz in eine Vielzahl von möglichen Auffassungen mündet.

Wenn Sie die Bibel studieren, sollten Sie sich fragen: «Was ist das normale, offensichtliche Verständnis der Bibelstelle in ihrem ursprünglichen Kontext? Wie steht es mit Grammatik, Zeitform der Verben, Wortwahl, dem historischen Rahmen und kulturellen Bräuchen der damaligen Zeit?»

Achten Sie auf die symbolische Sprache

In der Bibel und in der biblischen Prophetie gibt es Symbole: Pferde, Bestien, Schlangen, Schalen, Hörner, Sterne und vieles mehr. All diese Bilder weisen jedoch auf buchstäbliche Wahrheiten hin. Immer. Ein Symbol ist ein Wort oder ein Ausdruck,

10 Zitat wird Tim LaHaye zugeschrieben.

der stellvertretend für eine andere Sache steht. Und die Offenbarung ist beispielsweise voller Symbole, die entweder im unmittelbaren Kontext oder an einer anderen Stelle des Buches erklärt werden (Offb 11,8; 12,1-6; 17,1-18). Erschrecken Sie also nicht, wenn Ihnen Symbole begegnen. Achten Sie vielmehr darauf, wie sie in der Stelle oder im Kontext erklärt werden. Und denken Sie daran: Die Bedeutung des Symbols liegt nicht in Ihrem Ermessen.

Lassen Sie die Heilige Schrift sich selbst auslegen

Da wir wissen, dass die ganze Schrift von Gott inspiriert wurde, ist uns auch klar, dass sich die Bibel nicht widerspricht, sondern sich an anderer Stelle oft selbst erklärt. Es ist so, als würde man Puzzleteile zusammenfügen, um ein Gesamtbild zu erhalten. Wäre uns nur bekannt, was eine einzige Stelle über Jesus, den Glauben oder den Antichristen sagt, wäre unser Wissen äusserst begrenzt und unvollständig. Durch Querverweise und das Studium der Bibel bekommen wir jedoch ein umfassenderes Bild.

Erkennen Sie die Berggipfel und die Täler

Das trifft insbesondere auf die Prophetie zu. Keiner von Gottes Propheten hat eine vollständige Offenbarung über den kommenden Messias erhalten. Jesaja und Micha hatten Informationen über seine Geburt, aber Jesaja wusste auch von den Leiden des Messias. Daniel sah das Handeln des Antichristen, und er, Jesaja, Micha und Haggai hatten Informationen über das zukünftige Reich des Messias. Aber keiner von ihnen kannte die ganze Geschichte. Sie sahen einige der Berggipfel, aber nicht alle Täler (oder die Informationen, die ihnen geholfen hätten, die Lücken zu füllen). Eines dieser Täler war das Geheimnis der Gemeinde, über das keiner der Propheten Bescheid wusste (Röm 16,25-26; Eph 3,1-7). Aufgrund der vollständigen, niedergeschriebenen Offenbarung Gottes kennen wir jetzt alle Details über das erste Kommen des Messias und vieles über sein zweites Kommen.

#3 Was sind die Hauptsichtweisen über den Zeitpunkt der Entrückung?

Es gibt mehrere Ansichten über die glückselige Hoffnung (Entrückung), und alle haben mit ihrem *Zeitpunkt* zu tun. Praktisch alle christlichen Traditionen und Denominationen glauben an die Rückkehr Christi. *Wann* Jesus seine Braut allerdings zu sich holt, zieht unterschiedlich schwere Auswirkungen nach sich.

Die *prätribulationistische Sicht* sagt, dass Christus *vor* der in Offenbarung 6–19 beschriebenen Drangsalszeit zurückkehrt, um die Gläubigen zu entrücken. Das ist nicht das Ereignis, mit dem die Drangsalszeit offiziell anfängt. Sie beginnt, wenn der Antichrist einen Bund mit Israel schliesst (Dan 9,27). Laut dieser Sicht werden die Gläubigen nicht durch die Leiden der Drangsalszeit gehen müssen. Gott hat verheissen, uns vor dem kommenden Zorn zu retten (1Thess 5,9-10) und uns zu «bewahren vor der Stunde der Versuchung, die über den ganzen Erdkreis kommen wird, damit die versucht werden, die auf der Erde wohnen» (Offb 3,10).

Die Sicht, dass die Entrückung *zur Mitte der Drangsalszeit* stattfindet, besagt, dass Jesus *nach der Hälfte* der sieben Jahre dauernden Drangsalszeit zurückkehrt. Dieser *Zeitpunkt* repräsentiert den Übergang von der Drangsalszeit zur grossen Drangsal. Seine Rückkehr zur Entrückung wird mit zwei Ereignissen zusammenfallen: Der Antichrist entweiht den jüdischen Tempel, und die Menschen nehmen «das Malzeichen des Tieres» an (Offb 12–13). Anhänger dieser Sicht glauben, dass die Siegelgerichte (Offb 6) nicht der Zorn Gottes sind, sondern vom Menschen kommen. Christen werden dreieinhalb Jahre lang verfolgt. Ein Problem dieser Sicht ist, dass sie die Lehre einer nahe bevorstehenden Entrückung unberücksichtigt lässt. Dass er seine Gläubigen erst dreieinhalb Jahre nach Beginn der Drangsalszeit entrückt, blendet eine nahe bevorstehende Entrückung vollkommen aus, da wir dann den Zeitpunkt seines Kommens bestimmen könnten.

DIE WICHTIGSTEN SICHTWEISEN
ÜBER DEN ZEITPUNKT DER ENTRÜCKUNG

Die *posttribulationistische Sicht* glaubt, dass Christen die *ganze* Drangsalszeit und ihre schrecklichen Gerichte durchstehen müssen. Sie leiden und werden verfolgt, und erst danach werden sie *direkt vor* der Rückkehr Christi bei seinem zweiten Kommen gerettet (Harmageddon). Vertreter dieser Sicht rechtfertigen sie teilweise mit den Worten Jesu über die Verfolgung in der Drangsalszeit in Matthäus 24 und mit seiner Lehre in Johannes 15, dass sie von der Welt gehasst werden. Auch die posttribulationistische Sicht sieht keine nahe bevorstehende Entrückung, da sie direkt am Ende der siebenjährigen Drangsalszeit stattfindet.

Es gibt noch eine vierte Sicht: die *Entrückung vor dem Zorn Gottes*. Sie meint, die Entrückung würde nach fünfeinhalb Jahren Drangsalszeit stattfinden. Dieser Sicht zufolge werden die Gläubigen entrückt, wenn das sechste Siegel geöffnet (Offb 6,12) und Gottes Zorn ausgegossen wird. Eine in Vergessenheit geratene fünfte Sicht besagt, dass nur bestimmte Gläubige bei der Entrückung weggenommen werden, während ungehorsame Christen zurückbleiben und die Drangsalszeit zu ertragen haben. Kaum einer, der die Bibel ernsthaft studiert, vertritt diese *Teilentrückungssicht*.

#4 Wie lauten die drei Sichtweisen über das Tausendjährige Reich?

Wie Sie sich vielleicht denken können, gibt es auch hinsichtlich des Wesens der tausendjährigen Herrschaft Jesu eine Vielzahl von Auslegungen. Noch einmal: Sie alle hängen davon ab, welche Herangehensweise an die Heilige Schrift man wählt (ob wörtlich oder symbolisch).

Amillennialismus: Diese Sicht sagt, dass das Tausendjährige Reich nur ein *Symbol* für die Herrschaft Christi im Gemeindezeitalter ist. Am Ende der Zeit der Gemeinde wird dann sein zweites Kommen stehen. Amillennialisten müssen praktisch alle Ereignisse der Drangsalszeit vergeistlichen, um ihre Schlussfolgerungen ziehen zu können. Manche Amillennialisten sind auch

Präteristen und glauben, dass Teile der Offenbarung bereits (symbolisch oder wörtlich) im 1. Jahrhundert erfüllt wurden.[11]

Postmillennialismus: Vertreter dieser Sicht müssen die Offenbarung ebenfalls vergeistlichen. Sie halten die Zeit der Gemeinde für die tausendjährige Herrschaft Christi. Sie glauben, dass die Gemeinde das zweite Kommen Christi einleiten wird, indem sie die Welt mehr und mehr christianisiert. Wie sich aber zeigt, lassen die Geschichte, die Sünde und der Abfall vom Glauben in der heutigen Zeit diese Sicht leider nicht sonderlich glaubwürdig erscheinen.

Prämillennialismus: Prämillennialisten glauben an eine buchstäblich tausend Jahre dauernde Herrschaft Christi auf Erden nach den Gerichten der siebenjährigen Drangsalszeit und seinem zweiten Kommen bei Harmageddon. Nimmt man die Offenbarung für bare Münze, kann niemand behaupten, dass die Siegel-, Posaunen- und Schalengerichte zu irgendeinem Zeitpunkt in den letzten 2000 Jahren stattgefunden haben. Prämillennialisten legen viele Verheissungen an Abraham und David als bedingungslos, wörtlich und (noch) zukünftig aus. Wie vorhergesagt, wird Christus «ewig» auf dem Thron Davids herrschen, und das Volk Israel wird in den Landesgrenzen leben, die Gott ihm ursprünglich zugesagt hatte (1Mo 12,1; 15,18-21; 2Sam 7,12-16; 1Kö 5,1). Laut dieser Sicht herrscht Jesus zurzeit nicht auf dem Thron Davids, sondern sitzt zur Rechten des Thrones Gottes (Hebr 12,2). Wenn er am Ende der Drangsalszeit jedoch zurückkehrt, wird er den ihm verheissenen Platz auf dem Thron einnehmen (Apg 15,15-18).

11 Amillennialisten glauben normalerweise auch, dass die Offenbarung vor 70 n. Chr. und vor der Zerstörung Jerusalems in der Zeit Neros geschrieben wurde (37–68 n. Chr.).

DIE DREI SICHTWEISEN
VOM TAUSENDJÄHRIGEN REICH

Da Jesus bei seinem ersten und seinem zweiten Kommen buchstäblich und physisch auf der Erde war beziehungsweise sein wird, wird auch seine zukünftige tausendjährige Herrschaft dem entsprechen. Der Prämillennialismus war die vorherrschende Überzeugung in der frühen Gemeinde und den ersten drei Jahrhunderten nach Pfingsten. Johannes benutzt die Zahl 1000 sechsmal in sieben Versen (Offb 20,1-7). Warum sollte Gott diese spezielle Zahl mehrfach wiederholen, wenn sie nicht wörtlich gemeint ist? Warum spricht er nicht einfach von «einer sehr langen Zeit» oder verwendet eine eindeutig symbolische Sprache? Aus diesen und weiteren Gründen glauben wir, dass Jesus tatsächlich tausend Jahre auf der Erde regieren wird.

#5 In welcher chronologischen Abfolge werden die Ereignisse der Endzeit stattfinden?

Mehrere wichtige Bibelstellen lassen auf eine klare Reihenfolge der Ereignisse schliessen.

Entrückung: Die Entrückung ist ein zukünftiges Ereignis, dem keine Zeichen vorangehen und das in jedem Augenblick stattfinden könnte. Dabei werden alle Gläubigen verwandelt und in die Luft entrückt, wo sie Jesus begegnen und anschliessend mit ihm in den Himmel eingehen (Joh 14,2-3; 1Kor 15,51-52; 1Thess 4,15-18). Dieses plötzliche, weltweite und übernatürliche Ereignis wird alle anderen wichtigen Ereignisse in Gang setzen.

Übergangszeit: In 2. Thessalonicher 2,7-8 erfahren wir, dass der, der jetzt noch zurückhält (der Heilige Geist, der in allen Gläubigen des Gemeindezeitalters wohnt), zuerst (durch die Entrückung) weggenommen werden muss, bevor der Mensch der Sünde (der Antichrist) geoffenbart werden kann. In Daniel 9 lesen wir, dass die Drangsalszeit (d. h. Daniels «70. Woche») beginnt, wenn der Antichrist ein Abkommen «mit den Vielen» schliesst (Dan 9,27). Die Logik verlangt nach einer vermutlich kurzen Übergangszeit vor dem Beginn der Drangsalszeit.

Krieg in Hesekiel 38: Diese Prophezeiung sagt einen konkreten endzeitlichen Angriff auf Israel aus dem Norden voraus. Wir glauben, dass Russland nach der Entrückung eine Invasion anführen wird, an der sich Länder wie der Iran, die Türkei und andere beteiligen (s. Hes 38–39). Experten sind sich nicht einig, wie dieser Krieg in die Abfolge der Ereignisse hineinpasst und ob der in Psalm 83 beschriebene Krieg zuerst stattfinden muss.

Anfang der Drangsalszeit: In den chaotischen Nachwirkungen der Entrückung wird ein Weltführer an die Macht kommen und ein Abkommen «mit den Vielen» aushandeln (Dan 9,27). Das ist der offizielle Beginn der sieben Jahre umfassenden Drangsalszeit.

Mitte der Drangsalszeit: Der Antichrist wird seinen Bund mit Israel exakt zur Mitte der siebenjährigen Drangsalszeit brechen (Dan 9,27), den Tempel entweihen und sich gegen das jüdische Volk wenden. Ein Überrest des jüdischen Volkes wird beschützt werden und sich am Ende der Drangsalszeit an Christus als seinen Erlöser wenden (Dan 12,1-2; Mt 23,39; Röm 11,25-27; Offb 12,13-17; 14,1-5).

Rückkehr Christi: Am Ende der Drangsalszeit wird Jesus mit den himmlischen Armeen (den Engeln und den Gläubigen aus dem Gemeindezeitalter) körperlich auf die Erde zurückkommen (Offb 19,11-21).

Tausendjähriges Reich: Das Alte Testament enthält viele Prophezeiungen über eine noch zukünftige goldene Zeit, in der ein Nachkomme Davids von Jerusalem aus über die ganze Welt herrschen werde. Dieser tausend Jahre anhaltende Zeitraum (Offb 20,1-6) wird sich unmittelbar an die Drangsalszeit anschliessen (mit einer kurzen Übergangszeit bis zum Zeitalter des Reiches Gottes). Am Ende dieser Zeit wird der Teufel freigelassen und es wird zu einem letzten Kampf kommen. Er wird dabei schnell besiegt und für immer in den Feuersee geworfen (Offb 20,7-10).

Gericht vor dem grossen weissen Thron: Alle Ungläubigen aus der ganzen Menschheitsgeschichte müssen vor Gott erscheinen und werden von ihm gerichtet und leider in den Feuersee geworfen. Die Gläubigen werden bei diesem Gericht nicht vor Gott stehen, da ihre Sünden durch das Sühnewerk Jesu vergeben wurden (Offb 20,11-15).

Neuer Himmel und neue Erde: Die ganze Schöpfung wird komplett neu gemacht oder wiederhergestellt werden. Dann befinden sich das Zentrum des Lebens und Gottes Gegenwart im neuen Jerusalem, aber vermutlich werden wir in der Ewigkeit auch in der Lage sein, uns durch die ausgedehnten Weiten des Himmels zu bewegen.

#6 Was lehrt das Neue Testament über Eschatologie?

Die Eschatologie spielt sowohl im Alten als auch im Neuen Testament eine wichtige Rolle. Die Rückkehr Christi ist im Neuen Testament kein Rand- oder Nebenthema, sondern vielmehr ein Grundpfeiler der neutestamentlichen Lehre. 23 der 27 neutestamentlichen Bücher sprechen von der Rückkehr Christi, und bis auf zwei kleinere Briefe enthalten alle anderen prophetische Aussagen. In den 260 Kapiteln des Neuen Testaments finden sich mehr als 300 Hinweise auf dieses überaus entscheidende zukünftige Ereignis. Einer von 30 neutestamentlichen Versen spricht über das Thema der Rückkehr Christi.

Die zweitlängste aufgezeichnete Lehre Jesu handelt von der Endzeit (nur die Bergpredigt ist länger). Matthäus, Markus und Lukas berichten von dieser Lehre – bekannt als Rede auf dem Ölberg (Mt 24–25; Mk 13; Lk 21). Paulus sprach über komplexe Details der Entrückung (1Kor 15,51-53; 1Thess 4,13-18) und gab uns Informationen über den Antichristen und die Drangsalszeit. Sowohl Petrus als auch Judas heben Aspekte der Endzeit hervor, und natürlich Johannes, der uns im letzten Buch der Bibel, der Offenbarung, von allen am meisten eschatologische Informationen liefert.

Laut J. Barton Paynes *Encyclopedia of Biblical Prophecy* enthält mit Ausnahme von Philemon und dem 3. Johannesbrief jedes neutestamentliche Buch Prophezeiungen über zukünftige Ereignisse, einschliesslich der Rückkehr des Herrn. Im Anschluss finden Sie eine Tabelle, wo die jeweilige Menge an Prophetie in den 27 neutestamentlichen Büchern angegeben wird.[12]

#7 Was lehrte die frühe Gemeinde über Eschatologie?

Die frühe Gemeinde konzentrierte sich in erster Linie auf die Verbreitung der guten Nachricht von der Auferstehung des Messias und dem Heilsangebot an jeden, der ihn aufnehmen wollte. Sie war auch mit ihrem Überleben beschäftigt, als im späten

12 J. Barton Payne, *Encyclopedia of Biblical Prophecy: The Complete Guide to Scriptural Predictions and Their Fulfillment* (New York: Harper & Row, 1973), S. 477–590.

ESCHATOLOGIE
IM NEUEN TESTAMENT

BUCH	# DER PROPHEZEIUNGEN	# DER VERSE	% DES BUCHES
MATTHÄUS	81	278	26%
MARKUS	50	125	19%
LUKAS	75	250	22%
JOHANNES	45	180	20%
APOSTELGESCHICHTE	63	125	13%
RÖMER	29	91	21%
1. KORINTHER	25	85	19%
2. KORINTHER	7	12	5%
GALATER	7	16	11%
EPHESER	7	8	5%
PHILIPPER	5	10	10%
KOLOSSER	4	9	9%
1. THESSALONICHER	9	16	18%
2. THESSALONICHER	12	19	40%
1. TIMOTHEUS	2	5	4%
2. TIMOTHEUS	8	17	20%
TITUS	1	1	2%
PHILEMON	0	0	0%
HEBRÄER	52	147	45%
JAKOBUS	4	7	6%
1. PETRUS	11	21	20%
2. PETRUS	11	25	41%
1. JOHANNES	4	6	6%
2. JOHANNES	2	2	15%
3. JOHANNES	0	0	0%
JUDAS	8	10	40%
OFFENBARUNG	56	256	63%

1. Jahrhundert die Verfolgung zunahm und bis ins frühe 4. Jahrhundert anhielt.

Das letzte Buch des Neuen Testaments wurde um 95 n. Chr. geschrieben. Im 1. Jahrhundert akzeptierten Christen bereitwillig die Schriften der Apostel. Zwischen 110 n. Chr. und dem frühen 4. Jahrhundert (etwa zu der Zeit, als die grossen Verfolgungen durch Rom nachliessen) teilten verschiedene Kirchenväter (Ignatius, Clemens von Rom, Polykarp und andere) die neutes-

KANONISIERUNGSPROZESS

WIE DIE BÜCHER DER BIBEL ZUSAMMENGESTELLT WURDEN:

Ca. 35–95 n. Chr.	Die neutestamentlichen Bücher wurden von den Christen augenblicklich akzeptiert (2Petr 3,16; 1Tim 5,18). Als die Gemeinde wuchs und sich ausbreitete, wurde der Kanon später offiziell anerkannt.
Ca. 110 n. Chr.	Jedes Buch des NT (bis auf zwei) wurde von Ignatius, Clemens von Rom und Polykarp zitiert. Gegen 150 n. Chr. betrachteten die apostolischen Väter jedes neutestamentliche Buch als zuverlässig.
Ca. 140 n. Chr.	Der erste Versuch einer Kanonisierung wurde vom Häretiker Markion unternommen, der das ganze AT ablehnte und nur die meisten Briefe von Paulus sowie Lukas als Teil der Heiligen Schrift ansah.
Ca. 200 n. Chr.	Der Kanon Muratori – L. A. Muratori entdeckte in der Bibliothek von Mailand eine kanonische Liste, die die synoptischen Evangelien, die Briefe des Paulus, 1./2. Johannes, Judas und die Offenbarung enthielt.
Frühe 300er-Jahre	Der apostolische Kanon 85 (endgültige lateinische Version) akzeptierte alle Bücher des Alten und des Neuen Testaments ausser der Offenbarung.
Ca. 325 n. Chr.	Eusebius listet alle Evangelien, Briefe des Paulus (nicht Philemon), 1. Petrus, 1. Johannes und die Offenbarung des Johannes. Die allgemeinen Briefe, 2. Petrus, 2./3. Johannes und Judas führt er nicht an.
Mitte der 300er-Jahre	Theodor Mommsen entdeckte eine lateinische Liste aus dem 10. Jahrhundert (veröffentlicht 1886), die bis auf sechs alle anderen Bücher des NT enthält. Die Liste stammt wahrscheinlich aus dem 4. Jahrhundert aus Nordafrika, bekannt als Cheltenham-Kanon.
Ca. 367 n. Chr.	In seinen Osterbriefen listet Athanasius, Bischof von Alexandria, alle 27 Bücher auf. Das ist der früheste vollständige Kanon des Neuen Testaments.
Ca. 382/397 n. Chr.	Die Synode von Rom (382) erkannte den Kanon abschliessend für alle westlichen Gemeinden an. Die Synode von Karthago (397) erkannte den Kanon abschliessend für die ganze Gemeinde an. Nun war der Kanon vollständig.

tamentlichen Schriften mit geringfügigen Abweichungen in Gruppen ein. Später im 4. Jahrhundert (367 n. Chr.) listete Athanasius, Bischof von Alexandria, alle 27 neutestamentlichen Bücher auf, und gegen Ende des 4. Jahrhunderts (382–397 n. Chr.) war der Kanon der 27 Schriften vollständig.

Während dieser frühen Zeit, als die Gemeinde noch am Anfang stand und mit der Verbreitung des Evangeliums beschäftigt war, gab es kein systematisches Studium der Eschatologie. Deshalb vertrat die frühe Gemeinde häufig widersprüchliche Positionen, ohne sich dessen wirklich bewusst zu sein. In dieser frühen Phase finden sich Belege sowohl für die prätribulationistische Sicht als auch für die posttribulationistische Sicht von der Entrückung.

#8 Was wurde im Mittelalter über Eschatologie gelehrt?

Eine heute als *idealistische Sicht* bekannte Auslegungsmethode lehrt, dass die ganze Endzeitprophetie lediglich im übertragenen Sinn zu verstehen sei. Manchmal wird dieser Standpunkt auch *vergeistlichte Sicht* genannt. Das liegt daran, dass sie prophetische Texte allegorisiert (oder vergeistlicht), insbesondere das Buch der Offenbarung und der Endzeitereignisse.

Diese Auslegungsmethode führt zu einer als Amillennialismus bekannten Position (der Vorstellung, dass das in der Heiligen Schrift angesprochene zukünftige Tausendjährige Reich nur bildlich zu sehen ist). Die idealistische Auslegungsmethode vertritt die Ansicht, dass die siebenjährige Drangsalszeit ebenfalls bildlich zu verstehen ist und die Entrückung und die Rückkehr des Herrn am Ende des Zeitalters ein einziges Ereignis darstellen.

Dieses Denkmodell kam um 190 n. Chr. im Gebiet von Alexandria in Ägypten auf und wurde im 4. Jahrhundert vom Theologen Augustinus von Hippo übernommen. Augustinus wandte diese vergeistlichende Methode nur auf prophetische Texte an, im Gegensatz zu den Alexandrinern, die sie auf einen Grossteil oder die ganze Heilige Schrift anwandten. Augustinus' Lehre erwarb sich eine Anhängerschaft und wurde schliesslich zur vorherrschenden Sicht der römisch-katholischen Kirche am Anfang des 4. Jahrhunderts.

Vom 5. bis zum 16. Jahrhundert – während des ganzen Mittelalters – war diese allegorisierende Sicht auf die Prophetie die offiziell geschützte Position der Kirche. Alle abweichenden Sichtweisen wurden als Irrlehren betrachtet. Viele Leute wurden auf dem Scheiterhaufen verbrannt oder anderweitig getötet, wenn sie eine Lehre vertraten, die nicht den römisch-katholischen Ansichten entsprach. Alle Schriften, die (sofern sie gefunden wurden) etwas anderes lehrten, wurden ebenfalls vernichtet.

Somit wissen wir nicht wirklich, wie viele Christen im Mittelalter die wörtliche Auslegungsmethode, die schon von der frühen Gemeinde (und dem Neuen Testament) gelehrt wurde, angewandt haben. Daher ist nicht klar bestimmbar, wie viele Christen im Mittelalter an der prätribulationistischen Sicht von der Eschatologie festhielten.

Es ist durchaus wahrscheinlich, dass im Mittelalter irgendeine Form von Prämillennialismus existierte – vermutlich im Untergrund. Viele haben vermutet, dass die Albigenser, Lombarden und Waldenser zur prämillennialistischen Sicht neigten,[13] aber so wie viele der Werke, die auf die eben Genannten anspielten, wurden auch ihre Schriften vernichtet. Im Jahr 1304 lehrte ein Mann, bekannt als Bruder Dolcino, eine Form der prämillennialistischen Position.[14]

Der wesentliche Punkt bei Auslegungsmethoden (und den verschiedenen sich daraus ergebenden Sichtweisen über die Endzeit) ist, ob sie biblisch sind oder nicht. Die Kernfragen lauten: Stimmt sie mit der Heiligen Schrift überein? Ist sie vereinbar mit dem Wesen Gottes und der vergangenen Geschichte? Lässt

ENDZEITPOSITIONEN IN DER KIRCHENGESCHICHTE

1. Jahrhundert: Die frühe Gemeinde lehrte die prätribulationistische/prämillennialistische Sicht.

3. Jahrhundert: Die allegorische Sicht von der Heiligen Schrift schlich sich ein.

4. Jahrhundert: In der katholischen Kirche dominierte die amillennialistische Sicht.

4. Jahrhundert bis 1517: Keine anderen dominanten Sichtweisen waren erlaubt / wurden gefördert.

17. bis 18. Jahrhundert: Puritaner und andere legten die Heilige Schrift wörtlich aus.

19. Jahrhundert: Scofield, Ironside, Walvoord brachten die prätribulationistische/prämillennialistische Sicht voran.

Spätes 20. Jahrhundert: populäre Bücher, die sich an Christen ohne theologische Ausbildung richten.
1970 *The Late Great Planet Earth* (Hal Lindsey)
1995–2007 The Left Behind Series (Tim LaHaye)

13 Thomas Ice, «A Brief History of the Rapture», *Pre-Trib Research Center*, www.pre-trib.org/articles/dr-thomas-ice/message/a-brief-history-of-the-rapture/read.

14 Thomas Ice, «A Brief History of the Rapture».

sich diese Auslegungsmethode von 1. Mose bis zur Offenbarung anwenden?

Die wörtlich-futuristische Sicht (dass die Prophetie wörtlich eintrifft) sowie die daraus resultierende Schlussfolgerung, dass die zukünftige Drangsalszeit tatsächlich den Zorn Gottes enthält und zu einem buchstäblichen zukünftigen Tausendjährigen Reich führt, ist biblisch gesichert und hatte Befürworter in der ganzen Kirchengeschichte, so auch im Mittelalter.

#9 Was wurde von der Zeit der Reformation bis heute über Eschatologie gelehrt?

Wichtige Persönlichkeiten der protestantischen Reformation wie Martin Luther und Johannes Calvin leisteten den Christen auf der ganzen Welt einen grossen Dienst, als sie viele Lehren der Staatskirche reformierten – in erster Linie die Lehre von der Erlösung aus Gnade durch den Glauben allein, aber auch andere wichtige *Sola-Prinzipien.*

Leider gingen die Reformatoren nicht weit genug. Obwohl sie den Menschen halfen, zu einer klaren wörtlichen Auslegung der Heiligen Schrift hinsichtlich der Heilslehre zurückzukehren, wandten sie diese wörtliche Auslegung aber nicht auf die Ereignisse an, die mit der Rückkehr Christi in Verbindung stehen.

Was die Eschatologie betrifft, behielten die Reformatoren die allegorisierte Sicht von der Prophetie bei – zusammen mit der Vorstellung, dass die Drangsalszeit und das zukünftige Reich lediglich eine Allegorie seien. Sie betrachteten das Buch der Offenbarung als einen symbolischen Überblick über die Kirchengeschichte und brachten die katholische Kirche mit allen negativen Symbolen des Buches in Verbindung.

DIE FÜNF SOLAS

sola scriptura	«allein die Schrift»
sola fide	«allein durch Glauben»
sola gratia	«allein aus Gnade»
solus Christus	«allein Christus»
soli Deo gloria	«allein zur Ehre Gottes»

Als Reaktion darauf entwickelten katholische Theologen eine Lehre, die als *präteristische Sicht* bekannt ist, um die allgemein verbreitete Glaubensauffassung von der nachreformatorischen Lehre abzuschirmen. Die präteristische Sicht lehrt, dass die Ereignisse der Offenbarung bereits im 1. Jahrhundert geschehen sind, als Rom Jerusalem 70 n. Chr. zerstörte. Die präteristische Sicht ist nach wie vor der vorherrschende Standpunkt der römisch-katholischen Kirche und wurde auch von einigen protestantischen Denominationen übernommen.

Wurde die allegorische Sicht entwickelt, weil das zweite Kommen Christi zu lange zu dauern schien, so entstand die präteristische Sicht, um den negativen Fokus von der nachreformatorischen katholischen Kirche abzuwenden. In beiden Fällen waren die Beweggründe nicht gottgewollt. Wir können das Wort Gottes für bare Münze nehmen und ihm bedingungslos vertrauen. Gott sagt, was er meint, und meint, was er sagt (Ps 19,8; Joh 1,1; 2Tim 3,16; 2Petr 1,19-21; Offb 22,18-19).

Als mehr und mehr einfache Leute Zugang zur Bibel in ihrer eigenen Muttersprache hatten, kehrten Gruppen wie die Puritaner (im 17. Jh.) zu einer wörtlichen Schriftauslegung zurück. So kamen sie zu der Sicht, dass noch nicht erfüllte biblische Prophezeiungen als zukünftig eintreffende Ereignisse zu verstehen sind. Bekannt wurde das als *futuristische Auslegungsmethode*. Statt schwerverständliche Prophezeiungen zu allegorisieren, damit sie ihren Vorstellungen entsprechen, lehrten sie, dass die Gemeinde wörtlich zu verstehende Endzeitereignisse erwarten sollte – einschliesslich der Wiedergeburt der Nation Israel.

Unter Verwendung der wörtlichen Auslegungsmethode systematisierte John Darby 1830 die prätribulationistische Sicht von der Entrückung und trug dazu bei, sie populär zu machen. Einige sind der Ansicht, dass die Gemeinde nun zum ersten Mal den prätribulationistischen Standpunkt lehrte, aber wie die Geschichte der frühen und der mittelalterlichen Gemeinde zeigt (wie aus den vorangegangenen Kapiteln ersichtlich), ist dieses Argument schlichtweg nicht zutreffend.

Alle vier Standpunkte (idealistische, historistische, präteristische und futuristische Sicht) fanden in verschiedenen Denominationen und geografischen Gebieten Anklang. Im 20. Jahrhundert wurde die prätribulationistische Sicht von einer Handvoll amerikanischer Theologen wie Harry Ironside und Charles Ryrie in einigen wichtigen Seminaren weiter systematisiert und gefördert. In Amerika wurde die prätribulationistische Sicht vorherrschend unter evangelikalen Christen, einschliesslich der Mehrheit der Baptisten, Presbyterianer und Charismatiker.

In den frühen Jahren der Jesus-Bewegung führte 1970 Hal Lindseys Buch *The Late Great Planet Earth* die Eschatologie und die prätribulationistische Sicht in die alltägliche christliche Kultur ein. Letzten Endes wurden über 15 Millionen Exemplare verkauft.

Ab 1995 wurde einer breiten Bevölkerung die prätribulationistische Sicht von der Entrückung durch die Serie Left Behind von Tim LaHaye und Jerry B. Jenkins (dt. Finale) auf ganz neue Weise nahegelegt. Die Bücher verkauften sich fast 80 Millionen Mal.

#10 | Hängt die Errettung vom Standpunkt ab?

Der christliche Glaube hat grundlegende Kernlehren (wie die Lehre, dass die Bibel das Wort Gottes ist; Errettung aus Gnade durch den Glauben; die Gottheit Christi; sein stellvertretendes Sühneopfer; die körperliche Auferstehung; die Dreieinheit Gottes) und wichtige, aber für die Errettung eines Menschen nicht entscheidende Lehren (wie verschiedene Taufmethoden, Formen der Gemeindeleitung, die Rolle der Engel, Geistesgaben und Eschatologie).

Ebenso wenig wie die Taufe (1Petr 3,21) kann uns auch der Standpunkt, den wir in Bezug auf die Endzeit und die Rückkehr Christi haben, nicht erretten. Dem Dieb am Kreuz versprach Jesus, noch am selben Tag mit ihm im Paradies zu sein, obgleich dieser keine Ahnung hatte, dass es so etwas wie Eschatologie gibt (Lk 23,43). Die Sicht einer Person von der Endzeit ist also keine Vorbedingung für die Errettung und sagt auch nichts über ihre Stellung vor Gott aus. Dasselbe gilt für die Sicht, die ein Mensch vom Zeitpunkt der Entrückung hat. Die Errettung hängt ganz allein davon ab, ob wir Jesus vertrauen, nicht von einer bestimmten Überzeugung von der Endzeit.

Dennoch finden wir diese Dinge in der Bibel, und deshalb sind sie auch von Bedeutung. Eine Sicht muss richtig sein, da sich diese Standpunkte gegenseitig ausschliessen (d. h. die Gerichte der Offenbarung können nicht wörtlich *und gleichzeitig* bildlich sein). Aber können die unterschiedlichen Sichtweisen über die Entrückung, die Drangsalszeit, das zweite Kommen Christi und sein Reich allesamt Teilaspekte der Wahrheit enthalten? Und wie wichtig ist die eigene Überzeugung von einer bestimmten Sichtweise?

Mit der Hilfe von vier Grundsätzen wollen wir dies alles in die richtige Perspektive rücken.

Erstens ist es in Ordnung, wenn sich Christen mit gegenseitigem Respekt uneinig sind über ein paar Lehren. Das bedeutet nicht, dass wir auf die jeweils anderen herabschauen. Wir müssen nicht hundertprozentig derselben Meinung sein über einzelne Fragen, um Gemeinschaft zu haben und uns über unser Einssein in Christus zu freuen.

Zweitens ist es *nicht* in Ordnung, wenn Christen nichts über die Endzeit erfahren wollen oder sich damit zufriedengeben, *im Unklaren* über die Eschatologie zu bleiben. Dem Apostel Paulus war es sehr daran gelegen, dass Christen über die Wahrheiten der letzten Tage informiert und von ihnen überzeugt und getröstet sind (1Thess 4,13.18; 2Thess 2,1-5). Unwissenheit setzt uns falschen Lehren und Ängsten aus und kann sogar unseren Glauben erschüttern. Das letzte von Gott geschriebene Buch wird

Offenbarung (wörtl. «Enthüllung») genannt, was Wissen und Verständnis andeutet, nicht vage oder fehlende Informationen.

Drittens beseitigt die wörtliche Bibelauslegung nicht alle Rätsel der Prophetie. Nicht jedes prophetische Detail über die Zukunft wird uns im Buch Daniel und in der Offenbarung dargelegt. Gott hat uns in seinem Wort nicht alle Einzelheiten geoffenbart. Aber so ist er von Anfang an vorgegangen.[15] Es gibt also Details, die niemand diesseits von Offenbarung 6–19 wissen kann.

Viertens ist es wirklich von Bedeutung, *was* Sie glauben, denn Ihre Sicht von der Endzeit hat deutliche Auswirkungen auf Ihre aktuelle Perspektive, Haltung und Ihr Verhalten (Tit 2,11-15; 2Petr 3,14; 1Joh 3,1-3).

Und auch das gehört zu den Absichten der biblischen Prophetie!

15 Gott sagte Micha, der Messias würde in Bethlehem geboren werden, aber er nannte nicht das exakte Haus oder den Zeitpunkt (Mi 5,1). Der Herr teilte Jesaja mit, dass der Messias von einer Jungfrau geboren werde, aber er sagte ihm nicht den Namen, ihr Alter oder ob sie zum Zeitpunkt der Empfängnis bereits verlobt sein würde (Jes 7,14). Die Heilige Schrift gibt uns zwar einen detaillierten Überblick über den Charakter und das Handeln des Antichristen, aber sie verrät uns nicht seine Identität oder seinen Namen.

KAPITEL 3

Die Entrückung / Das Erscheinen Christi

#1 | Sollen wir Ausschau halten nach Zeichen?

In 1. Chronik 12,33 wird uns gesagt, dass die Führer Issaschars «Einsicht hatten in die Zeiten, um zu wissen, was Israel tun sollte». Die Weisen aus dem Morgenland (Mt 2), der gottesfürchtige alte Simeon (Lk 2) und die alte Prophetin Hanna (Lk 2) kannten alle den zeitlichen Rahmen des ersten Kommens des Herrn, und ihre grossartigen Geschichten wurden für uns in der Bibel aufgeschrieben.

Wir sehen auch, dass Jesus die Pharisäer und die Menschenmenge tadelte, weil sie die Zeichen ihrer Zeit nicht erkannten.

Zu den Schriftgelehrten und Pharisäern sagte er: «Das Aussehen des Himmels versteht ihr zu beurteilen, die Zeichen der Zeit aber nicht!» (Mt 16,3). Und zur Volksmenge sagte er: «Ihr Heuchler, das Aussehen der Erde und des Himmels könnt ihr beurteilen; wie kommt es aber, dass ihr diese Zeit nicht beurteilt?» (Lk 12,56).

Als Jesus mit seinen Jüngern den Tempel in Jerusalem verliess, teilte er ihnen mit, dass der schöne Tempel und die umliegenden Gebäude eines Tages völlig zerstört würden. Später wollten seine Jünger mehr von ihm erfahren. In Matthäus 24,3 lesen wir: «Als er [Jesus] aber auf dem Ölberg sass, traten die Jünger allein zu ihm und sprachen: Sage uns, wann wird dies geschehen, und was wird das Zeichen deiner Wiederkunft und des Endes der Weltzeit sein?»

Statt sie zu tadeln oder ihre Frage herunterzuspielen, gab Jesus ihnen ein ganzes Kapitel voller Zeichen, es folgt ein weiteres Kapitel mit verwandten Gleichnissen. Diese zentrale Beleh-

rung über die Zeichen der Endzeit findet sich in drei der vier Evangelien: Matthäus 24, Markus 13 und Lukas 21.

Der Apostel Paulus, den Gott gebrauchte, um den Heiden das Christentum zu bringen, erkannte, dass die Zeit der Gemeinde das letzte Zeitalter vor der Entrückung und der schrecklichen Drangsalszeit ist. In Römer 13,11-12 schreibt er: «Und dieses sollen wir tun als solche, die die Zeit verstehen, dass nämlich die Stunde schon da ist, dass wir vom Schlaf aufwachen sollten; denn jetzt ist unsere Errettung näher, als da wir gläubig wurden. Die Nacht ist vorgerückt, der Tag aber ist nahe. So lasst uns nun ablegen die Werke der Finsternis und anlegen die Waffen des Lichts!» Das galt schon für die Zeit, in der Paulus lebte, und es gilt nach fast 2000 Jahren noch viel mehr für heute. Paulus forderte die Gläubigen auch auf, wachsam und bereit zu sein.

Im Hebräerbrief finden wir die Erkenntnis, dass die Menschen, die nahe der Rückkehr Jesu leben, erkennen können, dass die Zeit seines zweiten Kommens nahe ist. Schauen wir uns einmal die Aussage in Hebräer 10,25 an: «indem wir unsere eigene Versammlung nicht verlassen, wie es einige zu tun pflegen, sondern einander ermahnen, und das umso mehr, als ihr den Tag herannahen seht!» Am Ende des Gemeindezeitalters werden die Gläubigen verstehen, dass sie zur Zeit der Rückkehr des Herrn leben.

Ein sorgfältiges Studium der Heiligen Schrift zeigt, dass Gläubige aufgefordert werden, auf die Rückkehr des Herrn zu achten und die Zeit zu erkennen, in der sie leben.

#2 | Was lehrte Jesus über Zeichen?

In der Rede auf dem Ölberg, seiner zweitlängsten aufgezeichneten Unterweisung, gab uns Jesus eine lange Liste mit Zeichen, die auf das Ende des Gemeindezeitalters hinweisen. Er beschrieb auch konkrete Ereignisse, die in der Drangsalszeit geschehen werden, wie zum Beispiel, dass Jerusalem von einer Armee umgeben sein wird und den «Gräueln der Verwüstung» (zur Mitte der Drangsalszeit verunreinigt der Antichrist den jüdischen Tempel).

Jesus erwähnte viele Zeichen, die seine Rückkehr ankündigen, samt falschen Christussen, Kriegen und Kriegsgerüchten, Verfolgungen, Hungersnöten, Erdbeben, Seuchen und Zeichen am Himmel. Er sagte auch, das Evangelium werde allen Völkern gepredigt werden – und dann kommt das Ende des Zeitalters. Jesus sagte, es werde Geburtswehen ähneln, was bedeutet, dass Häufigkeit und Intensität zunehmen und ihre letztendliche Erfüllung in der zukünftigen Drangsalszeit finden.

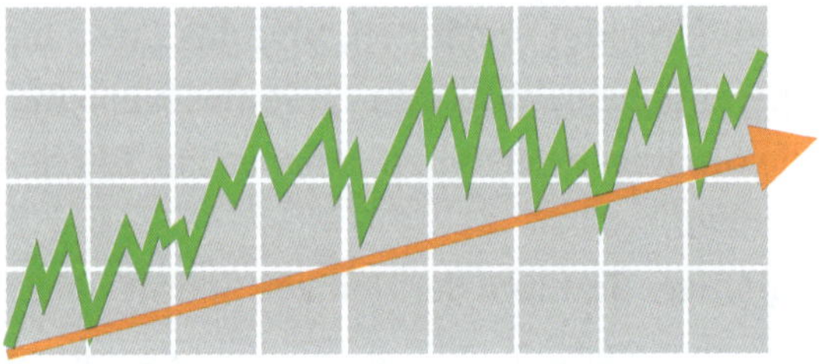

Über die Auslegung der Ölbergrede gibt es unter bibeltreuen Christen zwei Auffassungen. Einige meinen, Jesus spreche nur zu einem jüdischen Publikum und dieser Abschnitt gelte nicht für die Gemeinde. Andere behaupten hingegen, obschon Jesus zu seinen jüdischen Jüngern spreche und sich ein Grossteil der Ölbergrede speziell auf die Drangsalszeit beziehe, sei sie auch für die Gemeinde relevant, ebenso, wie das Alte Testament oder die paulinischen Briefe an die Thessalonicher für heutige Gläubige gelten. Diese zweite Sicht wird möglicherweise von der Tatsache gestützt, dass die Rede auf dem Ölberg auch in Markus 13 und Lukas 21 enthalten ist. Beide Evangelien wurden für eine heidnische Leserschaft geschrieben.

Ich (Todd) neige zur zweiten Auffassung und glaube, die Rede auf dem Ölberg enthält Zeichen, die zunehmen werden, je näher wir der Drangsalszeit kommen. Dann werden diese Zeichen ihre maximale Intensität erreichen. Interessanterweise sehen wir jetzt schon, wie jedes einzelne Zeichen immer häufiger auftritt und intensiver wird. Gute Freunde, die zur anderen Sichtweise neigen (dass die Geburtswehen nur für die Drangsalszeit gelten), erkennen, wie sich diese endzeitlichen Zustände bereits heute im Vorfeld der siebenjährigen Drangsalszeit herausbilden, wenn die Gemeinde erst einmal weggenommen ist und Gott sein Hauptaugenmerk auf die Rettung Israels und des jüdischen Volkes richtet.

Das wichtigste Puzzleteil, das für jedes legitime Endzeitzeichen benötigt wird, ist die Wiedergeburt Israels (in der Schrift als entscheidende endzeitliche Bedingung vorhergesagt). Alle Endzeitprophezeiungen drehen sich um die Nation Israel.

Ein Wortstudium macht deutlich, dass drei verschiedene Gewächse als Bild für Israel verwendet werden: Weinstock, Ölbaum und Feigenbaum. Der Weinstock symbolisiert Israels geistliche Privilegien. Der Ölbaum steht für Israels religiöse Privilegien. Und der Feigenbaum repräsentiert stets Israels nationale Privilegien.

In dieser wesentlichen Lehre spielte Jesus mithilfe des Gleichnisses vom Feigenbaum auch auf die überaus wichtige Wiedergeburt der Nation Israel an. In Matthäus 24,32-35 lesen wir:

> Von dem Feigenbaum aber lernt das Gleichnis: Wenn sein Zweig schon saftig wird und Blätter treibt, so erkennt ihr, dass der Sommer nahe ist. Also auch ihr, wenn ihr dies alles seht, so erkennt, dass er nahe vor der Türe ist. Wahrlich, ich sage euch: Dieses Geschlecht wird nicht vergehen, bis dies alles geschehen ist. Himmel und Erde werden vergehen, aber meine Worte werden nicht vergehen. (Siehe auch Mk 13,28-31; Lk 21,29-33.)

In den Tagen vor der Ölbergrede ritt Jesus auf einem Esel nach Jerusalem hinein, um die Prophezeiung zu erfüllen – und behauptete dadurch im Grunde öffentlich, der verheissene König zu sein. Im Anschluss wurde er von den religiösen jüdischen Führern abgelehnt. Nach dieser Begebenheit mit ihnen verfluchte Jesus vor den Augen seiner Jünger einen Feigenbaum, der «auf der Stelle verdorrte» (Mt 21,19). Danach kommen wir zum Gleichnis Jesu vom Feigenbaum, der in Verbindung mit den Endzeitzeichen steht.

Jesus wusste, dass Jerusalem schon bald zerstört (Mt 24,2) und das jüdische Volk für einen langen Zeitraum auf der ganzen Welt zerstreut würde, bevor es wieder in sein Heimatland zurückkehrt und dann an einem Tag wiedergeboren wird (Jes 66,8). Im Alten Testament finden sich viele Prophezeiungen über die Wiedergeburt der Nation Israel in der Endzeit. Durch das Gleichnis vom Feigenbaum bestätigt Jesus diese Prophezeiungen.

Aus Israels wundersamer Wiedergeburt folgten viele Zusammenhänge, die sich heute zu wesentlichen Anzeichen verdichten, dass wir dem Zeitpunkt der Entrückung und der sich daran anschliessenden siebenjährigen Drangsalszeit immer näher kommen.

#3 | Was ist das Superzeichen?

Viele Prophetie-Experten nennen Israel das Superzeichen. Alle anderen Endzeitzeichen hängen von diesem einen ab. Kein anderes Zeichen des Endes konnte auftauchen, bis Israel wieder eine Nation war. Experten nennen Israels Wiedergeburt auch das Superzeichen aufgrund seines enormen Ausmasses und der statistischen Unmöglichkeit, dass es eintrifft. Ausser Jona sagte jeder alttestamentliche Prophet voraus, dass Israel wieder eine Nation werden und das jüdische Volk aus allen Teilen der Welt in sein altes Heimatland zurückkehren werde. Die Neugründung der Nation Israel ereignete sich am 14. Mai 1948 und war eine unwiderlegbare Erfüllung biblischer Prophetie.

Die drei Haupttexte, die die deutlichsten Details über die Ereignisse in der Endzeit enthalten (Daniel 9; die Ölbergrede Jesu in Matthäus 24, Markus 13 und Lukas 21; und das Buch der Offenbarung), machen es notwendig, dass Israel wieder eine Nation ist, das jüdische Volk die Kontrolle über Jerusalem hat und der Tempel wieder aufgebaut ist. Das erste Ereignis fand 1948 statt als Resultat des Ersten und des Zweiten Weltkriegs. Das zweite war eine Folge des Sechstagekriegs im Jahr 1967. Und das dritte findet irgendwann zwischen jetzt und der exakten Mitte der zukünftigen siebenjährigen Drangsalszeit statt (Dan 9,27).

Im Alten Testament warnte Gott Israel vor dem Gericht, wenn es sich dauerhaft von ihm abwenden würde. Als Folge von Bürgerkrieg war das Land bereits in zwei Nationen geteilt worden: Israel und Juda. Dann wurde jede Nation angegriffen. Zuerst wurde das Nordreich Israel 772 v. Chr. von Assyrien gefangen genommen. 586 v. Chr. ging dann das Südreich Juda in die Babylonische Gefangenschaft. Vor diesen Gerichten sandte Gott jeder Nation mehrere Propheten, die das Volk zur Rückkehr zum Herrn aufriefen. Aber es weigerte sich.

Nach siebzigjähriger Gefangenschaft erlaubte Gott ihnen die (erste) Rückkehr in ihr Heimatland. Mit der Zeit kehrten sie dem Herrn wieder den Rücken, und die meisten lehnten ihn bei seinem ersten Kommen ab. Danach liess Gott es 70 n. Chr. zu, dass die Römer Jerusalem zerstörten und das jüdische Volk in alle Welt zerstreut wurde – anfänglich noch regional, dann im Lauf der Jahrhunderte weltweit. Zu verschiedenen Zeiten und auf unterschiedliche Weise wurden sie in jedem Land, in dem sie sich niederliessen, verfolgt und zerstreut. Das war die zweite und weitaus schwerere Zerstreuung.

Nach über 1800 Jahren lebten fast keine Juden mehr in Israel. In dieser ganzen Zeit gab es eine geradezu wundersame Dürreperiode. Israel wurde zu einer riesigen Einöde. Im 20. Jahrhundert schätzte man einen Bestand von nur 17 000 Bäumen. Südlich des Sees von Galiläa gab es überhaupt keine Bäume. Niemand wollte das Land. Kurz nach der Wiedergeburt Israels veränderten sich jedoch die Wetterverhältnisse, die Technologie machte Fortschritte, und heute ist Israel ein blühendes und fruchtbares Land, das Getreide, Spitzentechnologien und (seit kurzem auch) Gas und Öl exportiert.

Denken Sie vor diesem Hintergrund über die folgenden 2600 Jahre alten Prophezeiungen nach:

Hesekiel 36,24: «Denn ich will euch aus den Heidenvölkern herausholen und aus allen Ländern sammeln und euch wieder in euer Land bringen.»

Hesekiel 37,21-22: «Siehe, ich werde die Kinder Israels aus den Heidenvölkern zurückholen, unter die sie gekommen sind, und sie von ringsumher sammeln und sie in ihr Land führen. Und ich werde sie im Land, auf den Bergen Israels, zu einem einzigen Volk machen; sie sollen alle nur einen einzigen König haben, sie sollen auch künftig nicht mehr zwei Völker bilden, noch in zwei Reiche zerteilt werden.»

Jesaja 11,11: «Und es wird geschehen an jenem Tag, da wird der Herr *zum zweiten Mal* seine Hand ausstrecken [das erste Mal geschah im 6. Jh. v. Chr. aus Babylonischer Gefangenschaft], um den Überrest seines Volkes, der übrig geblieben ist, loszukaufen» (Hervorhebung durch die Autoren).

Jeremia 16,14-15: «Doch siehe, es kommen Tage, spricht der HERR, da man nicht mehr sagen wird: ‹So wahr der HERR lebt, der die Kinder Israels aus dem Land Ägypten heraufgeführt hat!›, sondern: ‹So wahr der HERR lebt, der die Kinder Israels heraufgeführt hat aus dem Land des Nordens und aus allen Ländern, wohin er sie verstossen hatte!› Denn ich will sie wieder in ihr Land zurückbringen, das ich ihren Vätern gegeben habe.»

Die im letzten Vers gegebene Prophezeiung von Jeremia erinnert uns daran, dass Israels Wiedergeburt als Nation ein grösseres Wunder war als die Teilung des Roten Meeres durch Mose. Diese Prophezeiung wird im Buch Jeremia viermal wiederholt, um sicherzustellen, dass ihre Bedeutung von zukünftigen Generationen nicht übersehen wird. Israels Wiedergeburt im Jahr 1948 ist ohne Frage *das* Superzeichen, das zeigt, dass wir dem Ende des Gemeindezeitalters näherkommen.

#4 | Welche geopolitischen Zeichen gibt es?

Zusätzlich zur Wiedergeburt der Nation Israel sagt die Bibel auch mehrere andere geopolitische Verhältnisse voraus. In Hesekiel 38 lesen wir zum Beispiel von einem Angriff auf Israel, der nach der Wiedergeburt der Nation in der Endzeit stattfindet. Wir haben es hier mit einer der detailreichsten Prophezeiungen in der Bibel zu tun. Sie erwähnt eine endzeitliche Koalition von Staaten, zu der Russland, die Türkei und der Iran gehören werden. Diese Länder schliessen sich zu einem Bündnis gegen Israel zusammen.

Russland ist Anführer und Beschützer der vereinten Streitkräfte, die Israel von den Bergen im Norden aus angreifen werden (d. h. von Syrien, aber Syrien selbst wird keine grosse Rolle bei dem Angriff spielen). Ihr Ziel ist es, Israel zu berauben. Gegen diesen endzeitlichen Angriff (den Gott schnell und auf übernatürliche Weise niederschlagen wird) werden Saudi-Arabien (Hes 38,13 – Saba und Dedan) und «Tarsis und alle ihre jungen Löwen» protestieren. Viele Prophetie-Experten meinen, bei Tarsis würde es sich um das heutige England handeln (oder möglicherweise Spanien), und die jungen Löwen sind Staaten, die aus dem britischen Empire hervorgegangen sind – insbesondere Amerika. Wenn das stimmt, scheint diese Prophezeiung deutlich zu machen, dass Amerika nicht in der Lage sein wird, Israel militärisch zu unterstützen.

Die Bühne für dieses Szenario ist vollständig bereitet. Den «Arabischen Frühling» und vor allem den Bürgerkrieg in Syrien (ab 2011) haben Russland, der Iran und die Türkei zum Anlass genommen, das politische und militärische Vakuum in Syrien auszufüllen. Daraus ist eine offizielle Partnerschaft zwischen diesen drei Nationen entstanden – die zusammen mit anderen zweitrangigen Nationen wie Libyen und dem Sudan in der Prophezeiung aus Hesekiel 38 aufgeführt werden.

Wir müssen noch festhalten, dass Amerika in der biblischen Prophetie nicht als wichtige endzeitliche Supermacht erwähnt wird. Die aktuellen Schwierigkeiten in Amerika (einschliesslich der Auswirkungen von Covid-19 und sozialer Unruhen) könnten Vorzeichen für Amerikas letztendliche Schwächung sein. Viele Prophetie-Experten glauben, die Entrückung der Gemeinde werde schliesslich dazu führen, dass Amerika in sich zusammenbreche. Das daraus entstehende Machtvakuum und der globale wirtschaftliche Zusammenbruch werden die Bühne für den Aufstieg des Antichristen bereiten.

Es gibt noch viele weitere geopolitische Endzeitzeichen, einschliesslich der politischen Bemühungen um eine weltweite Regierung durch Organisationen wie die Vereinten Nationen, das Weltwirtschaftsforum, die Weltgesundheitsorganisation und andere grosse und kleine Globalisierungsorganisationen, elitäre Gruppen und Geheimgesellschaften; die Gründung eines wiedererstandenen Römischen Reiches aus starken und schwachen Nationen (Europäische Union) und der Aufstieg fernöstlicher Staaten zu Supermächten (wie China). All diese Entwicklungen stehen mit konkreten endzeitlichen Prophezeiungen in Verbindung und wurden bereits vor 2000 bis 2600 Jahren vorausgesagt.

All diese Zustände bereiten die Bühne für die Ereignisse der zukünftigen Drangsalszeit und dienen unserer Generation als Zeichen, dass wir dieser Zeit immer näher kommen.

#5 | Welche Zeichen in der Natur gibt es?

In der Rede auf dem Ölberg nannte Jesus verschiedene Zeichen in der Natur, die (wie Geburtswehen) an Häufigkeit und Intensität zunehmen werden, je näher wir der Zeit des Endes kommen. In Matthäus 24,7-8 lesen wir: «Denn ein Heidenvolk wird sich gegen das andere erheben und ein Königreich gegen das andere; und es werden hier und dort Hungersnöte, Seuchen und Erdbeben geschehen. Dies alles ist der Anfang der Wehen.» Auch in Lukas 21,11 spricht Jesus von Seuchen (z. B. einer Pandemie). Es können aber ebenso grosse Katastrophen sein wie die zehn Plagen, die Gott durch Mose über das antike Ägypten sandte. Obschon diese Zeichen ihren Höhepunkt in den 21 Gerichten in der zukünftigen Drangsalszeit erleben werden, sehen wir schon heute, wie sie drastisch zunehmen.

Halten Sie einen Augenblick inne und denken Sie an die zahlreichen ungewöhnlichen Wetterphänomene und Erdbeben, die sich in diesem Jahrhundert ereignet haben. Ob weitläufige Flächenbrände, Flutkatastrophen, Heuschreckeninvasionen, Hurrikane, Tornados, massenhaftes Tiersterben, Vulkanausbrüche oder Erdbeben – es scheint, als würden wir mit jeder neuen Katastrophe immer öfter Begriffe hören wie *rekordverdächtig*, *noch nie dagewesen*, *einmalig*, *Jahrhundertereignis* oder *von biblischen Ausmassen*.

An einigen Orten wie Haiti, Japan, Indonesien, Chile, Pakistan und der Türkei gab es in jüngster Vergangenheit grosse Erdbeben. Sie haben die Aufmerksamkeit der Welt auf die zerstörerische Kraft von Naturkatastrophen gelenkt, Tsunamis hervorgerufen und mehrere hunderttausend Menschenleben gekostet. Viele schreckliche Ereignisse sind sogar auf Filmmaterial gebannt. 2004 kamen bei einem Erdbeben der Stärke 9,3 im Indischen Ozean und im anschliessenden Tsunami 230 000 bis 280 000 Menschen ums Leben. Es war das drittstärkste jemals aufgezeichnete Erdbeben mit der längsten bestätigten Dauer.

Die Messung von 9,3 auf der Richterskala ist wirklich unserer Aufmerksamkeit wert. Viele gehen davon aus, dass ein Anstieg von einem Punkt auf der Richterskala (z. B. von 3,0 auf 4,0) nur doppelt so stark ist wie die vorangegangene Zahl, das Mass an zerstörerischer Energie aber zehnmal höher. Das nimmt mit jedem Punkt auf der Skala zu. Ein Erdbeben der Stärke 6,0 ist beispielsweise nicht einfach sechsmal stärker als eines der Stärke 1,0 – es ist 100 000-mal stärker als 1,0! Das Erdbeben im Indischen Ozean lag bei 9,3. Diese Art von Energieentfaltung ist schwer zu verstehen und in der Welt der seismischen Studien unbekannt – und dennoch ist es in diesem Jahrhundert geschehen.

ERDBEBENSTÄRKE VON 6,3 UND MEHR, ERSTELLT VON USGS SENSOR DATA

SO BERICHTET IN DEM FILM THE COMING CONVERGENCE VON INGENUITY FILMS LLC.

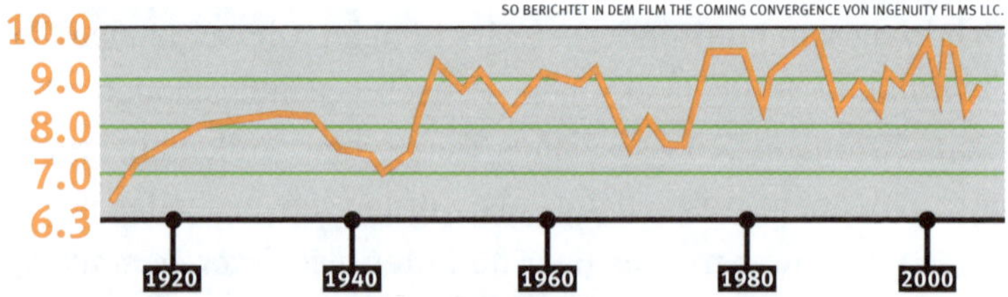

Extreme Wetterverhältnisse und seismische Aktivitäten sind das natürliche Resultat einer gefallenen Welt, die sich seufzend nach Erlösung sehnt (Röm 8,22-23). Und der Herr wusste im Voraus, während *die Erde wie ein Kleid zerfällt* (Jes 51,6), dass die Geburtswehen ihrer wachsenden Instabilität merklich zunehmen und auf das festgelegte Ende zusteuern werden. Die ungläubige Welt schreibt diese Veränderungen insgesamt dem Klimawandel zu. Was auch immer die Ursachen sein mögen, Jesus sagte auf jeden Fall, dass wir Erschütterungen in der Natur erleben werden, die am Ende des Gemeindezeitalters an Häufigkeit und Intensität zunehmen – und ihren Höhepunkt in der zukünftigen Drangsalszeit finden.

#6 | Was sind die geistlichen Zeichen?

Positive Zeichen

Weltweite Verkündigung des Evangeliums

Eines der positiven Zeichen, die wir in der Rede auf dem Ölberg finden, ist die weltweite Verbreitung des Evangeliums (Mt 24,14). Die zwölf grösstenteils ungebildeten Jünger Jesu aus einem unbedeutenden Dorf führten eine Bewegung an, die das Evangelium im ganzen Römischen Reich verbreitete und Teile des europäischen Kontinents, Asiens und Nordafrikas in wenigen Hunderten von Jahren erreichte.

Wechseln wir jetzt schnell zur Grossen Erweckung in den 1730ern und 1740ern, der modernen Missionsbewegung des späten 18. Jahrhunderts, und in die Mitte des 20. Jahrhunderts, als Gott Billy Graham und eine Handvoll Christen gebrauchte, um das Evangelium zu Millionen von Menschen zu bringen.

Graham predigte an 417 Evangelisationen in 185 Ländern auf sechs Kontinenten und erreichte mehr als 210 Millionen Menschen. Schnell ging es weiter in unserer Zeit, wo das Internet in fast jeden Winkel des Globus vordringt. Das Evangelium geht buchstäblich in die ganze Welt hinaus.

Erweckung an den dunkelsten Orten

Während die Christenheit in der westlichen Welt zum ersten Mal abnimmt, explodieren die Erweckungen in einigen der dunkelsten, repressivsten Ländern auf der Erde. Im Iran wenden sich beispielsweise Tausende zu Christus, weil sie das Evangelium über Internetdienste und christliche Sendungen im Satellitenfernsehen und am Radio empfangen können.

Unversiegelte Prophetie

Als Gott Daniel Visionen über die Zukunft gab, verstand dieser nicht viel davon. Ihm wurde gesagt, dass seine Vision bis zur Zeit des Endes versiegelt werden sollte – auf mysteriöse Art und Weise unverständlich und ausser Reichweite. In Daniel 12,4.8-9 ist zu lesen:

> Du aber, Daniel, verschliesse diese Worte und versiegle das Buch bis zur Zeit des Endes! Viele werden darin forschen, und die Erkenntnis wird zunehmen. ... Das hörte ich, verstand es aber nicht. Darum fragte ich: Mein Herr, was wird das Ende von diesen Dingen sein? Er sprach: Geh hin, Daniel! *Denn diese Worte sollen verschlossen und versiegelt bleiben bis zur Zeit des Endes*. (Hervorhebung durch die Autoren.)

Was Daniel über die Zunahme der Erkenntnis zur Zeit des Endes sagt, lässt sich wahrscheinlich auf zweierlei Weise anwenden. Das Wissen im Allgemeinen ist ebenso gewaltig explodiert wie das Verständnis der biblischen Prophetie. Während die Weltbühne weiter vorbereitet wird, werden Prophezeiungen, die Experten aus vorangegangenen Generationen noch Rätsel aufgaben, klar und deutlich verstanden. Je näher wir der Drangsalszeit kommen, desto mehr scheinen wir über die Endzeitprophetie zu begreifen. Mit jedem Schritt in Richtung Epizentrum des Geschehens nimmt die Klarheit zu, und Prophezeiungen werden entsiegelt – so, wie es uns das Buch Daniel sagt.

Negative Zeichen

Wie vorausgesagt, gibt es auch negative geistliche Zeichen. Zu ihnen gehören falsche Christusse (Sekten, die Jesus oder Teile der Bibel in ihre falschen Lehren aufnehmen), der Abfall vom Glauben, Verfolgungen, die Zunahme des Okkulten in der allgemeinen Gesellschaft, deutliche Täuschungen und weit verbreiteter Betrug und das Auftreten von Spöttern (die sich über den Gedanken an die Rückkehr des Herrn lustig machen).

Die positiven und die negativen geistlichen Zeichen sind zwei Seiten derselben Medaille. Während wir der Rückkehr unseres Herrn näherkommen, wird unser Gott, der voller Gnade und Erbarmen ist, jede Gelegenheit nutzen, damit die Menschen vor der Entrückung an ihn glauben. Da der Teufel dieselben Zeichen sieht wie wir, wird er alles in seiner Macht Stehende tun, um die Menschen davon abzuhalten, sich zu dem hinzuwenden, der sie erretten kann.

#7 Welche gesellschaftlichen Zeichen sind sichtbar?

Die folgende Bibelstelle fasst die gesellschaftlichen Zeichen überzeugend zusammen. Denken Sie beim Lesen über die aktuellen Zustände in unserer Gesellschaft nach. Diese 2000 Jahre alte Prophezeiung von Paulus liest sich wie eine Schilderung aus der heutigen Zeit:

> Das aber sollst du wissen, dass in den letzten Tagen schlimme Zeiten eintreten werden. Denn die Menschen werden sich selbst lieben, geldgierig sein, prahlerisch, überheblich, Lästerer, den Eltern ungehorsam, undankbar, unheilig, lieblos, unversöhnlich, verleumderisch, unbeherrscht, gewalttätig, dem Guten feind, Verräter, leichtsinnig, aufgeblasen; sie lieben das Vergnügen mehr als Gott (2Tim 3,1-4).

Jesus sagte auch, dass die Zeit vor seiner Rückkehr mit den Tagen Noahs und Lots zu vergleichen ist (Mt 24,37-39; Lk 17,26-30). Diese Zeiten waren gekennzeichnet von Gewalt und extremer sexueller Unmoral. Es gab schon immer Gewalt und sexuelle Unmoral, aber bis vor kurzem gehörten diese Leute zur Minderheit. Heute sind das zwei Merkmale unserer Mainstream-Gesellschaft, die von Tag zu Tag schlimmer zu werden scheinen.

Ausserdem sind in den letzten Jahrzehnten Drogenkonsum und Menschenhandel exponentiell gestiegen. In Offenbarung 9,21 lesen wir von der zukünftigen Reaktion vieler Menschen in der Welt, nachdem in der Drangsalszeit bereits einige Gerichte stattgefunden haben. Der Text teilt uns mit, dass die Menschen nach wie vor Mord, Diebstahl, Unmoral und «Zaubereien» begehen. Das hier verwendete griechische Wort ist *pharmakeia* – und bedeutet Drogenkonsum (oft in Kombination mit okkulten Praktiken oder aus okkulten Verbindungen resultierend).

Eines der Dinge, für die das endzeitliche Babylon gerichtet wird, ist Menschenhandel. In Offenbarung 18 lesen wir vom Fall Babylons in der zukünftigen Drangsalszeit. Johannes führt eine lange Liste von Produkten auf, die die Welt künftig nicht länger von Babylon beziehen kann. Auf all die Luxusartikel, an die man normalerweise denkt, folgt das letzte «Produkt» – Menschenseelen (V. 13). Der Schwarzmarkthandel mit Menschen und Drogen hat allein in den letzten Jahrzehnten (weltweit) rapide zugenommen.

Manche gesellschaftlichen Zeichen stehen auch mit moralischen Grundsätzen in Verbindung. Während die Welt von Gottes Wahrheit abfällt, weicht sie auch von seinen schützenden Moralvorstellungen ab. In Römer 1 lesen wir von der fortschreitenden Unmoral, was dazu führt, dass Gott die Menschen sich selbst überlässt. Seit den späten Sechzigern bis heute müssen wir miterleben, wie die Welt moralisch immer weiter verfällt, genau wie in Römer 1 beschrieben.

Die gesellschaftlichen Zeichen finden wir überall um uns herum. Wenn wir uns die Zeit nehmen und darüber nachdenken, wie viel sich in unserer Lebensspanne verändert hat, oder wenn wir uns ein bisschen über den moralischen Zustand vor den späten Sechzigern informieren, bekommen wir ein klares

Bild vom moralischen Verfall. Unmoral gibt es schon seit dem Sündenfall der Menschen, aber noch nie wurde sie weltweit derart gefeiert und gefördert wie heute.

#8 | Welche technologischen Zeichen gibt es?

Die Beziehung zwischen Technologie und Prophetie wird häufig übersehen. Viele Prophezeiungen in der Heiligen Schrift weisen auf eine zukünftige Technologie hin, die für bestimmte vorausgesagte Ereignisse notwendig ist. Die alttestamentlichen Propheten überbrachten einfach nur die Botschaften und Visionen, die sie vom Herrn empfangen hatten, und verstanden oftmals gar nicht die Einzelheiten ihrer Prophezeiungen. Die Erfüllung vieler Prophezeiungen war damals überhaupt nicht möglich.

In Daniel 12,4 lesen wir: «Du aber, Daniel, verschliesse diese Worte und versiegle das Buch bis zur Zeit des Endes! Viele werden darin forschen, und die Erkenntnis wird zunehmen.» Eine Anwendung dieses Verses ist, dass in der Endzeit das Wissen zunehmen wird.

Nuklearwaffen, Satelliten- und Internetübertragung, riesige Datenspeicher, DNA-Manipulationen, künstliche Intelligenz, Überwachungssysteme, Transhumanismus, eine bargeldlose digitale Währung und viele weitere aktuelle und aufstrebende Technologien werden in der biblischen Prophetie beschrieben oder sind zwangsläufig notwendig, damit die Ereignisse in der Endzeit stattfinden können. Heute gibt es alle Technologien, die zur Erfüllung der Endzeitprophetie erforderlich sind! Das alles ist ungefähr im letzten Jahrhundert möglich geworden. In einem relativ kurzen Zeitraum haben wir umgesattelt: vom Reiten auf Pferden zu Reisen zum Mond; von geringen Erkenntnissen über unser biologisches Design zur Entschlüsselung der DNA. Wir leben wirklich in den Zeiten, die Daniel vorausgesehen hat.

Ein spezielles technologisches System, um zur Mitte der Drangsalszeit die Erfüllung einer wichtigen Prophezeiung zu ermöglichen, wird von Prophetie-Experten die «Malzeichen des Tieres»-Technologie genannt. In Offenbarung 13,16-17 lesen wir: «Und es bewirkt, dass allen, den Kleinen und den Grossen, den Reichen und den Armen, den Freien und den Knechten, ein Malzeichen gegeben wird auf ihre rechte Hand oder auf ihre Stirn, und dass niemand kaufen oder verkaufen kann als nur der, welcher das Malzeichen hat oder den Namen des Tieres oder die Zahl seines Namens.»

Damit es so kommen kann, wie Gottes Wort es beschreibt, müssen mehrere noch nie dagewesene Technologien entwickelt und im Einsatz sein. In diesem System müssen Biometrie, ein fest implementiertes biologisches Trackingsystem, eine bargeldlose/digitale Währung, eine globale Datenbank und von künstlicher Intelligenz gesteuerte Abwicklungssysteme zusammenkommen. All diese Technologien existieren zurzeit und werden auf immer breiterer Basis eingesetzt.

Einige Prophetie-Experten betonen, dass das Zeichen des Tieres auch dazu verwendet werden könnte, die Menschen in biologischer Hinsicht deutlich zu verändern. In der Offenbarung erfahren wir, dass es für die Menschen, die das Zeichen des Tieres erst einmal angenommen haben, kein Zurück mehr gibt und sie nicht mehr errettet werden können (Offb 14,10-11). Ausserdem lesen wir, dass die Träger des Zeichens später am ganzen Körper schmerzhafte Geschwüre haben werden (Offb 16,2). Das könnte bedeuten, dass das Zeichen eine biologische Komponente hat – wie eine fehlerhafte DNA-Bearbeitung oder eine andere aufkommende Technologie – und diese Geschwüre verursacht.

Diese und mehrere andere technische Entwicklungen sind erforderlich, um die Endzeitprophetie zu erfüllen. Heute gewinnen genau diese Technologien immer mehr an Einfluss. Diese Zeichen weisen auf ein baldiges Eintreffen der biblischen Endzeitprophetie hin.

#9 Welche Zeichen für Konvergenz lassen sich finden?

Eine Konvergenz findet statt, wenn viele scheinbar nicht zusammenhängende Dinge am selben Ort oder zur selben Zeit aufeinandertreffen. Was wir heute sehen – buchstäblich zum ersten Mal in der Geschichte –, ist das Zusammentreffen aller Zeichen und Zustände der Endzeit.

Wie zwei Buchstützen der eben besprochenen Zeichenkategorien wird die Diskussion von Israel und von dieser Konvergenz umrahmt. Auf der einen Seite haben wir die Geburt Israels als erste Buchstütze. Dieses Superzeichen hat die Endzeituhr eindeutig in Gang gesetzt. Am anderen Ende haben wir das Zeichen der Konvergenz, da alle Zeichen gleichzeitig auftreten.

Ein Freund von mir (Todd) verwendete diese – wie ich finde – sehr zutreffende Analogie. Er sagt, Konvergenz sei wie ein sechsspuriger Highway, der langsam, aber sicher in eine einspurige Abfahrt münde.

Eine andere von Prophetie-Experten häufig gebrauchte Analogie ist die eines in Kürze beginnenden Theaterstücks. Sie schauen sich im Theater um und stellen fest, dass die Leute ihre Plätze einnehmen und das Haus sich allmählich füllt. Der Bühnenvorhang ist noch immer geschlossen, aber Sie hören, wie dahinter Personen hin und her gehen. Sie nehmen die hinter dem Vorhang herrschende Geschäftigkeit wahr und malen sich aus, wie Requisiten in Position gebracht werden. Sie warten nur darauf, dass die Lichter ausgehen und der Vorhang sich öffnet – und dann beginnt die Vorstellung!

Die Tatsache, dass jede einzelne Kategorie mit Endzeitzeichen heute bereitsteht, sollte unsere Aufmerksamkeit auf sich ziehen. Noch nie zuvor in der Geschichte sind die erforderlichen Ereignisse und Bedingungen in diesem Masse zusammengetroffen. Das sind die Tage, nach denen sich die alttestamentlichen Propheten sehnten. Während die ungläubige Welt zwar wachsende Instabilität, heraufziehende Kriege, einen nahe bevorstehenden wirtschaftlichen Zusammenbruch und Umwälzungen in der Natur spürt, weiss sie nicht, wohin sie sich wenden oder wie sie die gegenwärtigen Probleme lösen soll.

In der Gemeinde haben leider auch viele aufgehört, die Lage zu beobachten, und können dieses in der Geschichte einmalige Zusammentreffen von Ereignissen nicht erkennen. Manche machen sich sogar über jene lustig, die die Tatsache betonen, dass unsere Zeit mit der biblischen Beschreibung vom Ende des Gemeindezeitalters übereinstimmt. Auch das ist ein Zeichen. In Lukas 18,8 stellte Jesus die prophetische Frage: «Doch wenn der Sohn des Menschen kommt, wird er auch den Glauben finden auf Erden?»

#10 | Wie nahe sind wir?

Alle diese Kategorien mit Endzeitzeichen – und insbesondere ihr Zusammentreffen – lassen darauf schliessen, dass wir der Rückkehr des Herrn wahrscheinlich sehr nahe sind. In der Heiligen Schrift steht ganz klar, dass «niemand um jenen Tag aber und die Stunde weiss» (Mt 24,36). Wenn wir uns jedoch die vielen Zeichen ansehen, können wir wissen, dass seine Rückkehr immer näher rückt (Mt 24,33; Lk 21,28; Hebr 10,25).

Konvergenz bringt noch einen anderen Punkt mit sich, den viele nicht erkennen. Sie geht nur bis zu einem bestimmten

Punkt. Das Zusammentreffen mehrerer Ereignisse ist irgendwann zu Ende. Die Bühne kann nicht unendlich lange bereitet werden. Die Geburtswehen können eine ganze Zeit lang zunehmen, aber irgendwann muss das Baby zur Welt kommen. Mit anderen Worten, das gegenwärtige Zusammentreffen von Zeichen und Zuständen ist der stärkste Faktor, der uns zeigt, dass wir kurz vor der Rückkehr des Herrn stehen.

Vielleicht erinnern Sie sich an das, was Jesus in einem der vorangegangenen Kapitel in Matthäus 24 im Gleichnis vom Feigenbaum sagte: Die Generation, die nach der Wiedergeburt Israels sieht, wie all diese Zeichen wie Wehen zunehmen, wird nicht vergehen, bis all diese Dinge, von denen er sprach (inklusive seiner Rückkehr), geschehen. Die Frage ist also: Was ist eine Generation?

In Psalm 90,10 lesen wir:

> Unser Leben währt siebzig Jahre,
> und wenn es hoch kommt, so sind's achtzig Jahre;
> und worauf man stolz ist, das war Mühsal und Nichtigkeit, denn schnell enteilt es, und wir fliegen dahin.

Somit ist es möglich, dass eine Generation siebzig bis achtzig Jahre umspannt. Manche behaupten sogar, dass der Ausdruck «und wir fliegen dahin» ein versteckter Hinweis auf die Entrückung sein könnte. Andere sind der Ansicht, Jesus habe einfach nur gemeint, dass Menschen aus der Generation, die existierte, als Israel wieder eine Nation wurde, bei der Rückkehr des Herrn noch leben würden. Wiederum andere verweisen auf 1. Mose 6,3 und führen einen 120 Jahre dauernden Zeitraum an.

Wir wissen nicht genau, wann der Herr zurückkommen wird, aber die Tatsache, dass alle Zeichen zur selben Zeit zusammenlaufen, während die Welt täglich instabiler zu werden scheint – und wir das 70-Jahr-Jubiläum der Wiedergeburt Israels bereits hinter uns haben –, lässt uns annehmen, dass die Zeit kürzer sein könnte, als viele Christen meinen.

Wenn das Wort Gottes tatsächlich wörtlich zu nehmen ist (wie wir glauben), und wenn sich jede einzelne Prophezeiung genau so erfüllte wie vorausgesagt, und das auch noch zum richtigen Zeitpunkt, dann müssen wir zu dem Schluss kommen, dass die Rückkehr des Herrn wirklich nahe bevorsteht und wir die letzte Generation sind. Nur die Zeit wird das zeigen, und zugegeben, wir «sehen jetzt mittels eines Spiegels wie im Rätsel» (1Kor 13,12). Aber die Heilige Schrift macht ebenso deutlich: Wenn wir aufmerksam sind und Ausschau halten, dann werden wir «den Tag [des Herrn / die Drangsalszeit] herannahen» sehen (Hebr 10,25). Nach all den in diesem Abschnitt enthaltenen Informationen ist klar, dass er herannaht.

KAPITEL 4

Die Entrückung

#1 Was ist die Entrückung, und wo finden wir sie in der Bibel?

Die Entrückung ist eine Lehre, die besagt, dass Jesus zurückkehren wird, um seine Braut in das himmlische Vaterhaus zu holen. Ausser der posttribulationistischen Sicht sehen alle anderen Standpunkte in der Entrückung die Rettung vor dem in der Offenbarung beschriebenen Zorn Gottes. Das Wort *Entrückung* selbst findet sich nicht in der Heiligen Schrift, was aber auch für Begriffe wie *Mission*, *Dreieinigkeit*, *grosser Missionsbefehl*, *Menschwerdung* oder *Weihnachten* gilt. Nicht einmal das Wort *Bibel* steht in der Bibel. In den ursprünglichen griechischen Handschriften des Neuen Testaments finden sich natürlich keine deutschen Wörter. Wie diese anderen Begriffe ist auch *Entrückung* lediglich ein Wort, das eine in der Bibel stehende Lehre bezeichnen soll. Es basiert auf dem griechischen Wort *harpazo* und bedeutet «ergreifen, plötzlich entreissen oder gewaltsam wegnehmen». Im Neuen Testament kommt *harpazo* 14 Mal vor, jedes Mal im Zusammenhang mit Personen, die weggerissen oder ergriffen werden.[16] Das englische Wort *rapture* (Entrückung) beruht auf einer Umschrift des Griechischen (*harpazo*) ins Lateinische (*rapturo*). In 1. Thessalonicher 4,17 wurde *harpazo* mit «entrückt» ins Deutsche übersetzt.

Die eigentliche Frage ist also: Enthält die Bibel die Lehre von der Entrückung? Die Antwort ist Ja. Wir erkennen sie (und ihren Zeitpunkt) in dem Muster, wie Gott die Gläubigen bisher gerettet hat. Bevor Gott seinen Zorn sendet, rettet er stets sein Volk.

---

16 An diesen Stellen wird *harpazo* im NT verwendet, zusammen mit der jeweiligen Bedeutung im Kontext: Matthäus 11,12 – an sich reissen; Matthäus 12,29 – rauben; Matthäus 13,19 – rauben; Johannes 6,15 – mit Gewalt; Johannes 10,12 – rauben; Johannes 10,28-29 – reissen; Apostelgeschichte 8,39 – entrücken; Apostelgeschichte 23,10 – rasch herausführen; 2. Korinther 12,2 – in den dritten Himmel entrücken; 2. Korinther 12,4 – in das Paradies entrücken; 1. Thessalonicher 4,17 – entrückt werden in Wolken; Judas 1,23 – (schnell) aus dem Feuer reissen; Offenbarung 12,5 – (bezieht sich auf Jesus) entrücken zu Gott (bei der Himmelfahrt).

Wir sehen es im Fall von Henoch vor der Flut – er verschwand buchstäblich und wurde in den Himmel «hinweggenommen» (1Mo 5,24). Sowohl Noah als auch Lot wurden vor dem Zorn Gottes weggenommen und vor dem Gericht beschützt. Zweitens sehen wir sie in den Worten Jesu in Johannes 14,1-3, wo er verspricht, zurückzukehren und seine Jünger ins Vaterhaus zu holen. Des Weiteren finden wir die Lehre von der Entrückung in den Prophezeiungen des Paulus (1Kor 15,51-54; 1Thess 1,9-10; 4,13-18; 5,9-10; 2Thess 2,6-7). Die Darstellung der Gemeinde im Buch der Offenbarung deutet ebenfalls darauf hin, dass sie vor den Gerichten der Drangsalszeit entrückt sein wird («Weil du das Wort vom standhaften Ausharren auf mich bewahrt hast, werde auch ich dich bewahren vor der Stunde der Versuchung, die über den ganzen Erdkreis kommen wird, damit die versucht werden, die auf der Erde wohnen» – Offb 3,10).

Ausserdem taucht das Wort *Gemeinde* 20-mal in der Offenbarung auf – 19-mal in den Kapiteln 1–3 und einmal in Kapitel 22. Während die Drangsalszeit auf der Erde herrscht (Kap. 6–19), wird sie hingegen nicht ein einziges Mal erwähnt. Stattdessen wird in Kapitel 4 gezeigt, dass die Gemeinde mit Christus im Himmel ist (repräsentiert durch die 24 Ältesten und bekleidet mit feiner Leinwand bei der Rückkehr Christi in Kapitel 19,8.14). All diese biblischen Hinweise deuten auf eines hin: Die Entrückung ist ein reales Ereignis.

#2 Ist die Entrückung eine Theorie oder eine neue Lehre?

Manche kritisieren die Lehre von der Entrückung scharf, indem sie behaupten, sie würde gar nicht existieren, sie sei eine relativ neue Lehre oder lediglich eine erfundene Lehre, die als praktische Fluchtmöglichkeit diene, um den Leiden der letzten Tage zu entgehen. Wir haben uns bereits mit der Realität der Entrückung befasst und wollen unsere Aufmerksamkeit jetzt diesen anderen Behauptungen widmen.

Wenn wir die Rechtmässigkeit einer christlichen Glaubensüberzeugung beurteilen wollen, dürfen wir uns nicht fragen, wie lange diese Lehre in der Gemeinde schon existiert, sondern ob sie in der Bibel steht. Die Rückkehr Jesu für seine Braut ist in ausserbiblischen Dokumenten zu finden, die bis ins 1. Jahrhundert zurückreichen.[17] Die frühen Kirchenväter bezeugten ebenfalls einen Geist der Erwartung hinsichtlich der Rückkehr des Herrn, bis hin zu Augustinus im 4. Jahrhundert. Danach wurde diese Überzeugung jahrhundertelang von einer schlafenden und irrenden Gemeinde übersehen, ähnlich wie die Lehre von der Errettung aus Gnade allein durch Glauben. Diese Lehre wurde von der Gemeinde vernachlässigt, bis die Reformatoren kamen (frühes 16. Jh.). Was jedoch die Autorität angeht, ist die Kirchengeschichte nicht unser wichtigstes Argument, sondern die Heilige Schrift selbst. In ihr finden wir Klarheit bezüglich dieser Frage (Joh 14,1-3; 1Kor 15,51-55; 1Thess 4,13-18).

17 Die *Didache* ist eine Sammlung der Lehren der Apostel aus dem 1. Jahrhundert, auch Die *Lehre der zwölf Apostel* genannt. In Kapitel 16,1 lesen wir: «Wacht über euer Leben; lasst eure Lampen nicht erlöschen oder eure Lenden unumgürtet, sondern seid bereit, denn ihr kennt nicht die Stunde, in der unser Herr kommt.»

Was die Lehre von der Entrückung als Erfindung oder Flucht vor Leiden und Drangsal betrifft – sie könnte nicht weiter von der Wahrheit entfernt sein. Christen wird an keiner Stelle verheissen, von Leiden ausgenommen zu sein. Sowohl Jesus als auch Paulus haben das hinreichend deutlich gemacht (Joh 15,18-25; 16,20-22; 2Tim 2,3; 3,10-13). Es besteht aber ein riesiger Unterscheid, ob wir durch Drangsale gehen müssen oder durch *die* Drangsal. Als Gott Henoch, Noah und Lot rettete, war das keine gelegen kommende Flucht, sondern die Demonstration seines Herzens und seiner Treue gegenüber seinen Kindern. Daher können wir zuversichtlich sein, dass die Entrückung weder eine neue Theorie noch eine Fluchtmöglichkeit vor den Leiden der Endzeit ist.

Die Rückkehr Jesu für seine Braut ist in ausserbiblischen Dokumenten zu finden, die bis ins 1. Jahrhundert zurückreichen.

#3 Was besagt die Lehre von der nahe bevorstehenden Entrückung?

Es gibt einen Unterschied zwischen Prophezeiungen, deren Erfüllungsdatum unbekannt ist, und denen, die ausdrücklich als nahe bevorstehend dargestellt werden. Prophezeiungen, die von der Sammlung Israels als Nation sprechen, waren hinsichtlich ihrer zeitlichen Erfüllung nicht konkret. Es wurde nicht allgemein angedeutet, dass sie zu jedem Zeitpunkt in der Geschichte eintreffen könnten (5Mo 30,3; Jes 11,11-12; 43,5-6; 66,7-8; Jer 16,14-15; 30,1-22; Hes 36,22-24). Die Entrückung hingegen *könnte* sich jederzeit ereignen. Das ist der Kern einer nahe bevorstehenden Entrückung: Diesem Ereignis muss nichts weiter vorausgehen. Es müssen keine Prophezeiungen mehr erfüllt werden, damit die Entrückung stattfinden kann. Es ist ein Ereignis ohne vorherige Zeichen. Deshalb halten wir nicht Ausschau nach Zeichen für die Entrückung, sondern nach Christus selbst. Und wo ist der biblische Beweis für die Lehre von der nahe bevorstehenden Entrückung?

In Johannes 14,1-3 sagte Jesus zu seinen Jüngern, dass er sie verlassen werde, um für sie einen Platz im Haus seines Vaters zu bereiten. Er versprach ihnen, eines Tages zurückzukehren und sie dorthin zu holen. Für die Jünger, die an diesem Abend im Obersaal zusammengekommen waren, war das eindeutig ein metaphorischer Hinweis auf den jüdischen Hochzeitsbrauch der damaligen Zeit. War ein Mann erst einmal mit seiner Frau verlobt, kehrte er eine Zeitlang in das Haus seines Vaters zurück und baute an das bestehende Haus einen Raum an, wo das frischverheiratete Paar leben würde. Nach einer vom Vater festgelegten Zeit erschien der angehende Bräutigam unangekündigt, um seine Braut ins Vaterhaus zu holen, wo die Ehe vollzogen wurde. Jesus redet hier eindeutig nicht von seinem zweiten Kommen am Ende der Drangsalszeit. Bei dieser Gelegenheit wird die Gemeinde nämlich mit Christus auf die Erde herabkommen (Offb 19,7-8.13-14). In der Stelle im Johannesevangelium ist die

Es müssen keine Prophezeiungen mehr erfüllt werden, damit die Entrückung stattfinden kann. Es ist ein Ereignis ohne vorherige Zeichen.

Braut vielmehr unterwegs in die entgegengesetzte Richtung, wenn er sie hoch in den Himmel holt (ins Vaterhaus).

Aus diesem Grund (dem nahe bevorstehenden Ereignis) war die Braut stets bereit für das Erscheinen ihres Geliebten. Und genau das sehen wir im übrigen Neuen Testament. Die permanente Erwartung der nahe bevorstehenden Rückkehr Jesu zur Entrückung war in der frühen Gemeinde immer präsent. Deshalb wird uns gesagt, dass wir die Erscheinung Christi bei der Entrückung, die jederzeit stattfinden könnte, «erwarten» oder darauf «hoffen» sollen.

- Römer 13,11.12: «... die die *Zeit* verstehen, dass nämlich die Stunde *schon* da ist ... Die Nacht ist vorgerückt, der Tag aber ist *nahe*.»[18]
- 1. Korinther 1,7: «... während ihr die Offenbarung unseres Herrn Jesus Christus *erwartet*».
- 1. Korinther 16,22: «*Maranatha!*» (Begrüssung in der frühen Gemeinde von einem aramäischen Ausdruck mit der Bedeutung «Unser Herr, komm».)
- Philipper 3,20: «Unser Bürgerrecht aber ist im Himmel, von woher wir auch den Herrn Jesus Christus *erwarten* als den Retter.»
- Philipper 4,5: «Der Herr ist *nahe*!»
- 1. Thessalonicher 1,10: «... um seinen Sohn aus dem Himmel zu *erwarten* ...».
- Titus 2,13: «... *indem wir die glückselige Hoffnung erwarten* und die *Erscheinung* der Herrlichkeit des grossen Gottes und unseres Retters Jesus Christus».

---

18 Das hier für *Zeit* verwendete Wort ist *kairos*, was «Ära, Zeitalter» bedeutet.

- Jakobus 5,8: «So wartet auch ihr geduldig; stärkt eure Herzen, denn die Wiederkunft des Herrn ist *nahe*!»

Nur eine prätribulationistische Entrückung kann wirklich nahe bevorstehen. Alle anderen Sichtweisen von der Entrückung (zur Mitte oder nach der Drangsalszeit oder vor dem Zorn Gottes) sind durch einen Blick auf den Kalender voraussagbar. Da die Entrückung aber jederzeit geschehen könnte, halten wir nicht Ausschau nach Zeichen, sondern nach unserem Erlöser.

#4 Welche Details der Entrückung sind uns bekannt?

Die biblische Prophetie kann manchmal sehr genau sein. So auch in 1. Thessalonicher 4,13-18. In diesen Versen zeigt uns Paulus in «Superzeitlupe» Stück für Stück die Chronologie der Entrückung. Die Abfolge der Ereignisse sieht wie folgt aus:

1. Jesus selbst kommt vom Himmel herab (denken Sie daran, er war seit 2000 Jahren nicht mehr hier).
2. Er wird einen gebieterischen Zuruf von sich geben (V. 16; s. Elberfelder 2003).[19] Dieser laute Ruf wird von jedem lebenden Gläubigen auf der ganzen Welt gehört.
3. Darauf folgt unmittelbar eine andere Stimme, dieses Mal von einem Erzengel (vielleicht von Michael), der höchstwahrscheinlich die Ankunft des Bräutigams ankündigt.

---

19 Das Wort *keleusma* deutet einen Befehlsruf an und kommt im Neuen Testament nur an dieser Stelle vor. In der säkularen Literatur wurde es für einen Offizier verwendet, der seinen Truppen zurief, für einen Wagenlenker, der seine Pferde anfeuerte, oder für eine Person, die Ruderer antrieb.

4. Die Posaune Gottes erschallt und sammelt die Braut Christi zusammen.
5. Anschliessend wirkt Jesus ein riesiges, weltweites Wunder, indem er die verwesten Körper der im Gemeindezeitalter verstorbenen Gläubigen auf übernatürliche Weise neu formt, in Auferstehungskörper verwandelt und sie mit ihrem aus dem Himmel kommenden Geist vereint.
6. Die zu diesem Zeitpunkt lebenden Christen werden zusammen mit diesen auferstandenen Körpern «entrückt» (*harpazo*). Dann werden diese lebenden Gläubigen ihren eigenen Auferstehungskörper empfangen (1Kor 15,51-54).
7. Beide Gruppen von Gläubigen werden dem Herrn in der Luft begegnen (V. 17). Damit beginnt offiziell der Aufenthalt der Gläubigen im Himmel, und «so werden wir bei dem Herrn sein allezeit».

Zusammen bilden diese sieben übernatürlichen Begebenheiten das Ereignis, das wir als Entrückung kennen. Es ist das dramatischste und übernatürlichste Ereignis seit der Himmelfahrt Christi in Apostelgeschichte 1. Es gibt auch eine freudige Wiedervereinigung mit den Menschen, die uns vorausgegangen sind. Bei der Entrückung wird unser Glauben zum Schauen (1Kor 13,12). Wonach sich jeder Christ sein Leben lang gesehnt hat, ist schliesslich Realität geworden. Letzten Endes werden wir bei Jesus und vollkommen sein. Können Sie sich etwas Wunderbareres oder Herrlicheres vorstellen als das? Verwundert es da noch, dass Paulus den Abschnitt mit der Ermutigung schliesst: «So tröstet nun einander mit diesen Worten» (V. 18)?

#5 Kann man wissen, wann die Entrückung stattfindet?

1988 veröffentlichte Edgar C. Whisenant ein Buch mit dem Titel *88 Reasons Why the Rapture Will Be in 1988* (88 Gründe, weshalb die Entrückung 1988 stattfinden wird). Als sich seine Voraussage als falsch erwies, reichte er ein anderes Buch nach, das erklärte, warum sich die Entrückung nun im Jahr 1989 ereigne! Andere sogenannte prophetische Stimmen sprangen auf den Zug auf und sagten die Rückkehr Christi aufgrund einer seltenen planetarischen Konstellation für 1994, 2011 und zuletzt 2017 voraus. Ich (Jeff) wurde in einer Dokumentation von DirecTV mit dem Titel *The Sign* interviewt, in der einige behaupteten, diese Planetenkonstellation würde Offenbarung 12 erfüllen und die Rückkehr Jesu für seine Gemeinde einleiten. Ich wies deutlich darauf hin, dass Offenbarung 12 nicht nur nichts mit der Entrückung zu tun hat, sondern auch die Heilige Schrift an keiner Stelle andeutet, dass ein Mensch den Zeitpunkt der Entrückung kennen kann, bis sie schliesslich eintrifft.

Ein häufig zitierter Vers ist Matthäus 24,36: «Um jenen Tag aber und die Stunde weiss niemand, auch die Engel im Himmel nicht, sondern allein mein Vater.» In dieser Stelle spricht Christus allerdings über sein zweites Kommen, nicht über die Entrückung. Während seines irdischen Dienstes entschied sich Jesus freiwillig, einige seiner göttlichen Merkmale einzuschränken und sich stattdessen einzig und allein von den Offenbarungen/Informationen seines Vaters abhängig zu machen. Nach seiner Auferstehung und Himmelfahrt nahm er seine ganze Souveränität und Allwissenheit natürlich wieder auf.

Niemand kann den genauen Zeitpunkt der Entrückung voraussagen, da diesem Ereignis keine prophetischen Zeichen vorangehen. Uns wird an keiner Stelle gesagt, wann sie stattfindet. Es ist jedoch möglich, die allgemeine Zeit und die Zeichen zu erkennen, die andeuten, dass die Prophezeiungen aus der Offenbarung nicht mehr weit entfernt sind (s. Kap. 1). Hebräer 10,25 spricht von der Notwendigkeit, sich in den letzten Tagen als Gemeinde zu versammeln, indem wir «einander ermahnen, und das umso mehr, als ihr den Tag herannahen seht!» Einige Gelehrte diskutieren darüber, ob mit dem «Tag» die Entrückung, das zweite Kommen oder die Zerstörung Jerusalems im Jahr 70 n. Chr. gemeint ist. Der Autor scheint sich in Kapitel 9,28 auf die Entrückung zu beziehen: «So wird der Christus ... zum zweiten Mal denen erscheinen, die auf ihn warten, nicht wegen der Sünde, sondern zum Heil.» Später in Kapitel 10 spielt er jedoch auf das zweite Kommen an (V. 37). Hebräer 10,25 deutet wahrscheinlich auf den Tag hin, an dem Christus ein zweites Mal auf die Erde kommt, da wir in der Lage sind, den Tag herannahen zu sehen (Zeichen seiner Rückkehr). Das ist von Bedeutung, da andere Experten der biblischen Prophetie die Frage gestellt haben: Wenn wir heute schon Zeichen der zukünftigen Drangsalszeit sehen können, wie nahe mag dann die Entrückung sein? Obschon es sinnlos und unbiblisch ist, Voraussagen über den genauen Zeitpunkt der Entrückung zu machen, ist es sicherlich eine vernünftige Schlussfolgerung, dass die Prophezeiungen aus der Offenbarung – anders als zu anderen Zeiten in der Kirchengeschichte – ihre langen Schatten auf unsere gegenwärtige Zeit werfen. Somit könnte die Entrückung näher sein, als wir denken.

#6 | Wie wird unser neuer Körper sein?

Die Lehre von der Entrückung beinhaltet, dass die Gläubigen vor dem Zorn Gottes, der in der Drangsalszeit ausgegossen wird, bewahrt werden (1Thess 1,10; 5,9; Offb 3,10). Die Entrückung wird uns aber auch von den Versuchungen unserer sündigen

Natur und der Sünde an sich befreien, da wir bei der Entrückung in den verherrlichten Zustand verwandelt werden (Röm 8,30; Kol 3,4; Offb 22,3). Dabei wird Adams Fluch in uns aufgehoben, und «wir werden ihm gleichgestaltet sein», vollständig in Gerechtigkeit gekleidet, innerlich und äusserlich (1Kor 15,56-57; 1Joh 3,2; Offb 19,7-8). Die Körper der zum Zeitpunkt der Entrückung auf der Erde lebenden Gläubigen werden auf übernatürliche Weise in verherrlichte verwandelt werden. Wie Paulus es ausdrückte: «Wir werden aber alle verwandelt werden» (1Kor 15,51-55).

Die Heilige Schrift verrät uns mehrere aufregende Dinge über diese neuen Körper:

1. Sie sind nicht anfällig fürs Altern, für Sünde, Krankheit oder Tod (Jes 53,5; Mt 8,17; 1Kor 15,53-55; Offb 21,4).
2. Sie werden wie der Herrlichkeitsleib Jesu sein. In Philipper 3,20-21 lesen wir: «Unser Bürgerrecht aber ist im Himmel, von woher wir auch den Herrn Jesus Christus erwarten als den Retter, der unseren Leib der Niedrigkeit umgestalten wird, sodass er gleichförmig wird seinem Leib der Herrlichkeit, vermöge der Kraft, durch die er sich selbst auch alles unterwerfen kann.» Und wie sieht der auferstandene, verherrlichte Körper Jesu aus?
3. Obschon auch physisch, werden sie anders als der Körper sein, den wir vom ersten Adam geerbt haben (1Kor 15,42-50; Lk 24,39).
4. Vermutlich werden wir im Tausendjährigen Reich und im neuen Jerusalem auch weiterhin zur Nahrungsaufnahme fähig sein (Lk 22,16; 24,42-43; Apg 10,40-41; Offb 19,9; 22,1-2.14.17).
5. Diese Körper werden frei sein von den physikalischen Begrenzungen, die wir jetzt noch auf der Erde erleben.

> Unseren gegenwärtigen Körper hat Gott für die Erdatmosphäre geschaffen. Bei der Entrückung wird unser Körper aber der himmlischen Umgebung angepasst werden. Mit anderen Worten, wir werden in der Lage sein, in der Gegenwart der Herrlichkeit, Majestät und Heiligkeit Gottes zu leben.

Paulus sagt, Gott ist «der Glückselige und allein Gewaltige, der König der Könige und der Herr der Herrschenden, der allein Unsterblichkeit hat, der in einem unzugänglichen Licht wohnt, den kein Mensch gesehen hat noch sehen kann» (1Tim 6,15-16). Als der Apostel Johannes den verherrlichten Christus in seiner Vision in der Offenbarung sah, wurden sein Körper und sein zentrales Nervensystem so sehr traumatisiert, dass er wie tot zu Boden sank (Offb 1,12-18). Aber mit unserem bei der Entrückung verwandelten und verherrlichten Körper werden wir in die Gegenwart Gottes treten können (Offb 21,3-4; 22,3-5).

In der Heiligen Schrift werden uns nicht alle Fähigkeiten unseres neuen Körpers genannt. Aber wir können uns vorstellen, dass sie wunderbarer und erstaunlicher sein werden, als es sich irgendein menschlicher Autor auch nur ansatzweise ausmalen kann. Konzepte wie Zeit, Raum und Bewegung werden auf eine uns im Augenblick nicht denkbare Weise neu definiert werden.

#7 Was werden wir im Himmel zwischen der Entrückung und dem zweiten Kommen Jesu tun?

Eine der mir (Jeff) am häufigsten gestellten Fragen ist: «Was werden wir im Himmel tun?» Wenn die Menschen diese Frage stellen, zielen sie normalerweise auf unseren ewigen Zustand im Himmel ab. In Kapitel 10 werde ich noch ausführlicher auf dieses Thema zu sprechen kommen. Was aber ist mit der Zeit, die wir nach der Entrückung und vor der Rückkehr mit Jesus bei seinem zweiten Kommen im Himmel verbringen werden?

Zum Glück gibt uns die Heilige Schrift eine Vorschau darauf. So wie die meisten Bibelgelehrten sehe ich in den 24 Ältesten in Offenbarung 4 stellvertretend die Gemeinde, die Braut Christi. Zu den Gründen für diese Sicht zählt, dass Israel als Nation noch nicht erlöst ist, ebenso wenig wie die Heiligen in der Drangsalszeit schon errettet sind (Offb 7,9-10). Über diese 24 Ältesten wird zudem gesagt, dass sie weisse Kleidung tragen und auf ihrem Kopf eine goldene Krone (1Kor 9,24-25; 1Thess 2,19; 2Tim 4,7-8; 1Petr 5,4; Jak 1,12; Offb 2,10). So werden auch die Gläubigen aus dem Zeitalter der Gemeinde beschrieben (Offb 4,1-11; 19,7-8).

Dass die Ältesten ihre Kronen bereits empfangen haben, deutet an, dass die Braut Christi kurz nach der Entrückung vor dem Richterstuhl Christi (bema) erscheinen wird, nicht nachdem ein einzelner Gläubiger stirbt (Röm 14,10-12; 1Kor 3,10-15; 4,5;

2Kor 5,10). Die Braut trägt bereits feine Leinenkleider, was den Lohn für ihre gerechten Taten auf der Erde repräsentiert (Offb 19,7-8). In dieser Zeit werden wir unter anderem die Person anbeten, ehren und loben, die auf dem Thron sitzt (Offb 4,9-10). Wir werden Gott besser verstehen und ihm dadurch mehr die Ehre geben können, die er verdient (4,11). In dieser riesigen Anbetungsversammlung werden wir uns all den Erlösten aus der Zeit der Gemeinde anschliessen (Offb 5,11-14; 7,11-12).

In der Heiligen Schrift wird auch angedeutet, dass wir den Ereignissen der Drangsalszeit vom Himmel aus zusehen werden (Offb 11,15-18). Sie fragen sich jetzt vielleicht, wie wir im Himmel glücklich sein können, obwohl wir doch wissen, dass Gott in der siebenjährigen Drangsalszeit seinen Zorn über der Erde ausschüttet. Sie dürfen jedoch nicht vergessen, dass wir zu diesem Zeitpunkt bereits vollständig verändert worden sind – Körper, Geist und Seele. Jetzt, wo wir vollkommen sind, sehen und verstehen wir alles aus der Sicht Gottes. Deshalb begrüssen wir Gottes Gerechtigkeit und seine Vergeltung an den gottlosen Menschen, die auf der Erde leben, und können Gott dafür sogar preisen (11,17). Wir hören das Lob der 144 000 und das neue Lied, das noch nie zuvor gesungen wurde (Offb 14,1-3). Während der dramatischsten Augenblicke in der ganzen Menschheitsgeschichte werden wir in der ersten Reihe sitzen.

#8 | Wie wird unser neuer Wohnraum aussehen?

In Johannes 14,2-3 sagte Jesus seinen Jüngern, dass es im Haus seines Vaters viele «Wohnungen» gibt und er dort hingehen werde, um einen Ort für sie vorzubereiten. Wir wissen natürlich, dass Christus seine Verheissungen immer in Ehren hält und erfüllt. Wie aber sehen diese Wohnungen aus? Und reden wir hier über reale physische Orte oder über etwas anderes? Vor dem Beginn seines öffentlichen Dienstes arbeitete Jesus höchstwahrscheinlich in Josephs Werkstatt (Mt 13,55). Wird er einige dieser auf der Erde erlernten Fertigkeiten im Himmel anwenden? Oder liegen wir völlig daneben?

Als Erstes wollen wir uns einmal den Kontext dieser Verse anschauen. Jesus sprach diese Worte beim letzten gemeinsamen Mahl mit seinen Jüngern, bevor er gefangen genommen und gekreuzigt wurde. Er wusste, seine engsten Freunde standen vor einem verheerenden Schlag in die Magengrube, da ihnen ihr Herr genommen, zu Unrecht verurteilt, brutal geschlagen und an ein raues Holzkreuz genagelt werden sollte. Deshalb gab Jesus ihnen diese hoffnungsvollen Worte, um sie nach seiner Himmelfahrt vor Verzweiflung zu bewahren (Apg 1,6-11). Diese verheissene Rückkehr für uns nennt die Heilige Schrift «glückselige Hoffnung» (Tit 2,13). Jesus teilte seinen Jüngern diese Dinge also mit, um ihnen klarzumachen, dass es nicht das Ende war und er trotz räumlicher Trennung weiterhin an sie denken und den Tag vorbereiten werde, an dem sie ihn im Himmel wiedersehen.

Wie aber sehen diese Orte aus, die er vorbereitet? Erstens benutzte Jesus ein Wort (übersetzt mit «Wohnungen»), das wörtlich «Bleibe» oder «Ort des Verweilens» bedeutet.

Wie wir bereits gesehen haben, kehrte der Bräutigam entsprechend dem damals gängigen jüdischen Brauch nach der Verlobung in das Haus seines Vaters zurück und baute einen zusätzlichen Raum an, in dem das frischverheiratete Paar leben würde. Jesus verwendete diesen Brauch, um eine geistliche Realität zu veranschaulichen. Er würde zurück in den Himmel gehen und nach seinem stellvertretenden Opfertod einen Ort für uns schaffen, wo wir mit ihm und seinem Vater im Himmel leben können. Manche halten diese vielen Wohnungen im Vaterhaus für das neue Jerusalem, das nach dem Tausendjährigen Reich vom Himmel auf die Erde herabkommt (Offb 21,1-3.9-27).

Der Hauptgedanke ist, dass wir, die Braut Christi, mit den von uns geliebten Menschen zusammen sind. Wir haben Zugang zu Gott und seinem Thron, und diese Realität wird die Freude, in einer 50-Zimmer-Villa zu leben, bei weitem übertreffen. Irdische Bräuche und Bilder können die Herrlichkeit, Pracht und Freude über himmlische Realitäten nicht vollständig wiedergeben. Und *wo* wir leben, wird an diesem Tag nicht annähernd so wichtig sein, wie *mit wem* wir zusammenwohnen.

#9 Warum hat die Entrückung noch nicht stattgefunden?

Einer der grössten Kritikpunkte am Glauben an die Entrückung ist, dass Christen schon seit fast 2000 Jahren von der Rückkehr Jesu reden. Und trotzdem hat sich noch nichts getan, was einige zu der Annahme veranlasst, dass wir abergläubische Fanatiker sind, die einem religiösen Märchen vertrauen. Der Apostel Petrus, der unter der Inspiration des Heiligen Geistes schrieb, sagte voraus, dass man sich in den letzten Tagen über diesen Glauben lustig machen werde:

> Dabei sollt ihr vor allem das erkennen, dass am Ende der Tage Spötter kommen werden, die nach ihren eigenen Lüsten wandeln und sagen: Wo ist die Verheissung seiner Wiederkunft? Denn seitdem die Väter entschlafen sind, bleibt alles so, wie es von Anfang der Schöpfung an gewesen ist! (2Petr 3,3-4).

Warum braucht Jesus also so lange, um für uns zurückzukommen? Warum zögert er? Wir glauben, er wartet noch, bis zwei Bedingungen erfüllt sind.

Die prophetische Bühne muss bereitet sein. Gott führt sowohl die Prophetie als auch die Geschichte an einem bestimmten Zeitpunkt zusammen. Wir wissen, nach der Entrückung wird der Antichrist einen Friedensvertrag mit Israel unterzeichnen, mit dem offiziell die siebenjährige Drangsalszeit beginnt (Dan 9,27). Das wird anschliessend die Ereignisse und Gerichte in Offenbarung 6–19 in Gang setzen. Ein paar dieser prophezeiten Realitäten (das Zeichen des Tieres, das wiedererstandene Römische Reich, der wiederaufgebaute jüdische Tempel, Globalisierungstendenzen) werden nicht über Nacht entstehen, sondern in einem frühen Stadium bereits vor der Entrückung sichtbar sein. Wir sehen, wie genau das in unserer Welt heute passiert. Es scheint, als würde die Vorsehung Gottes einige, wenn auch nicht alle, dieser Puzzleteile schon vor der Entrückung zusammensetzen.

Die Verlorenen müssen errettet sein. In Lukas 21,24 spricht Jesus von den «Zeiten der Heiden», von denen viele annehmen, sie würden die Zeit zwischen der Babylonischen Gefangenschaft (586 v. Chr.) und Israels geistlicher Wiederherstellung im Tausendjährigen Reich umfassen (Offb 20,1-6). In Römer 11,25 spricht Paulus über die Anfänge dieser geistlichen Wiederherstellung, die nicht stattfinden wird, «bis die Vollzahl der Heiden eingegangen ist». Im Kontext meint er wahrscheinlich die Zahl der Heiden, die im Gemeindezeitalter vor der Entrückung erlöst werden. Hat der letzte von ihnen erst einmal den Namen des Herrn angerufen, um errettet zu werden (Röm 10,13), wird Christus für seine Braut zurückkommen. Angesichts dieser verheissenen Rückkehr und der Tatsache, dass sich Ungläubige darüber lustig machen, hebt Gott seine Geduld gegenüber Sündern hervor und eröffnet ihnen die Möglichkeit zum Heil (2Petr 3,9).

Sind diese beiden Bedingungen erfüllt, wird Gott die Entrückung einleiten. Das führt zu einer globalen Krise, in deren Verlauf der Antichrist an die Macht kommt und die Drangsalszeit beginnt.

#10 Wie werden die Zurückgebliebenen die Entrückung erklären?

Wie das weltweite Verschwinden von Hunderten von Millionen Menschen erklärt wird, können wir heute nicht mit absoluter Sicherheit sagen. In der Internetgeneration, wo sich Milliarden zu Wort melden können, wird es zweifellos eine Vielzahl von

Meinungen, Verschwörungstheorien und angeblich übernatürlichen Erklärungen geben. Höchstwahrscheinlich werden diese Erklärungen auch von verschiedenen gesellschaftlich angesehenen Personen stammen, unter anderem von Wissenschaftlern, Philosophen, religiösen Führern und Regierungsvertretern. Sogar Experten für den Klimawandel könnten sich an der Debatte beteiligen. Was aber werden sie sagen? Noch einmal, wir können es unmöglich mit Sicherheit wissen, aber eine durchaus denkbare Annahme ist, dass einige behaupten werden, Christen wären von einer ausserirdischen Form von Intelligenz entführt worden. Andere vertreten vielleicht die Ansicht,

Gott selbst (oder welches allerhöchste Wesen auch immer existieren mag) habe diese fanatischen, engstirnigen Christen aus dem Weg geräumt, damit die Welt nun in Frieden und Liebe leben könne. Viele werden zweifellos auch erkennen, dass der Grund die prophezeite Entrückung war. Und aufgrund ihrer durch eine wirksame Kraft der Verführung verhärteten Herzen wird es sie überhaupt nicht interessieren (2Thess 2,10-12).

Stellen Sie sich gleichzeitig das Ausmass an Panik und Chaos vor, das durch dieses globale Ereignis ausgelöst wird. Eltern, die plötzlich ohne Kinder dastehen, und Kinder ohne Eltern. Voneinander getrennte Ehepartner, Kollegen, Chefs und Freunde, die unerwartet verschwinden. Die Börse stürzt ab, und die Weltwirtschaft fällt auf ein Rekordtief. Auf der ganzen Welt werden die Menschen versuchen, sich das Leben zu nehmen, da sie emotional nicht mehr imstande sind, mit dem Verlust geliebter Menschen fertigzuwerden. Depressionen, Verzweiflung, Gewalt und Plünderungen werden sich in einem noch nie dagewesenen Mass ausbreiten. Und wie wir im Buch der Offenbarung sehen, wird die Menschheit im Grossen und Ganzen nicht besser nach der Entrückung, sondern sogar noch schlechter, sodass sie nicht einmal mehr bereit ist, Busse zu tun. Die Menschen werden sich noch stärker beteiligen an der Verehrung von Dämonen, Mord, Drogenmissbrauch, Unmoral und Diebstahl (Offb 9,20-21). Wegen der Gerichte, die Gott ihnen sendet, werden sie sogar anfangen, ihn zu lästern (Röm 1,18-32; 2Tim 3,1-5; Offb 16,9.11.21; 16,8-11).

Wie wir zuvor kurz angemerkt haben, teilt uns die Bibel mit, dass die Menschen in dieser Zeit vom Antichristen verführt werden und Gott sie diese Lügen glauben lässt (2Thess 2,10-12). Welche Erklärungen auch immer hervorgeholt werden, wir können uns ziemlich sicher sein, dass die allermeisten von ihnen von der Sünde verfinsterte und vom Teufel verführte Herzen haben und unter einer von Gott gesandten Täuschung leiden werden.

Der Schrift lässt sich aber auch entnehmen, dass in dieser Zeit viele zu Christus kommen werden, nachdem sie von der Entrückung gehört haben (Offb 7,9-17). Möglicherweise werden sie durch die Bibel, christliche Bücher, Videos und Podcasts zu Christus finden. Blogs, Nachrichten aus den sozialen Medien und Gesprächsfetzen mit Gläubigen kommen ihnen eventuell in den Sinn, lassen sie Busse tun und nach Erlösung schreien. Und die Neubekehrten werden anderen den wahren Grund für die Entrückung mitteilen, zusammen mit der Botschaft der Hoffnung und Erlösung in Jesus Christus inmitten einer schrecklichen Zeit des Gerichts.

KAPITEL 5

Das jüdische Volk / Israel

#1 Hat die Gemeinde in den Zukunftsplänen Gottes Israel ersetzt?

Die Gemeinde hat Israel nicht ersetzt, und die Juden sind nach wie vor Gottes auserwähltes Volk. Das ist ein sehr bedeutender Aspekt der biblischen Endzeitprophetie. Einige Verheissungen Gottes an Israel waren an Bedingungen gebunden und beruhten auf dem Gehorsam des Volkes – mit angekündigten Konsequenzen bei Ungehorsam (5Mo 28). Und sie waren ungehorsam, und die Konsequenzen trafen ein. Ausser den an Bedingungen geknüpften Verheissungen gab Gott auch viele konkrete bedingungslose Verheissungen an (und Prophezeiungen über) Israel.

In 1. Mose 15,12-18 schloss Gott mit Abraham einen einseitigen bedingungslosen Bund, der mehrere Dinge umfasste: zum Beispiel die Verheissung auf das Land Israel an Abrahams Nachkommen. Israel besass nie das Land in seiner vollen Ausdehnung, die Gott in diesem alten bedingungslosen Bund angegeben hatte – im Wesentlichen vom Roten Meer bis zum Euphrat (2Mo 23,31).

Es lassen sich auch viele konkrete Verheissungen in den Psalmen, in Jesaja, Jeremia, Hesekiel, Daniel, Hosea, Micha, Matthäus, Lukas und der Offenbarung über ein zukünftiges goldenes Zeitalter finden, in welchem der Messias von Jerusalem aus über die ganze Welt herrschen wird. Dann wird es im Tierreich keine Fleischfresser mehr geben, und die Topografie Jerusalems wird sich vollkommen verändert haben.

Diese Prophezeiungen über das Reich sind offensichtlich noch nicht erfüllt worden. Aber sie werden erfüllt im zukünftigen Tausendjährigen Reich nach dem Ende der siebenjährigen Drangsalszeit. Diese klaren und konkreten prophetischen Details (die einen beträchtlichen Teil der Heiligen Schrift ausmachen) müssten allegorisiert, ignoriert oder absichtlich wegerklärt werden, hätte Gott keine Zukunftspläne mit Israel.

Wenn Sie Zweifel an der Dauerhaftigkeit des Plans Gottes mit dem jüdischen Volk haben sollten, dann lesen Sie einfach 1. Mose 17,7. Dort sagte Gott unmissverständlich: «Und ich will meinen Bund aufrichten zwischen mir und dir und deinem

Samen nach dir von Geschlecht zu Geschlecht als einen ewigen Bund, dein Gott zu sein und der deines Samens nach dir.»

Als Reaktion auf jene, die meinen, Gott habe sein auserwähltes Volk verworfen, erklärt er in Jeremia 33,25-26: «So gewiss ich meinen Bund mit Tag und Nacht, die Ordnungen des Himmels und der Erde festgesetzt habe, so wenig werde ich den Samen Jakobs und meines Knechtes David verwerfen.»

Im Neuen Testament wiederholt Paulus diese Tatsache in Römer 11,1-2, wo er die rhetorische Frage stellt (und auch gleich beantwortet): «Hat Gott etwa sein Volk verstossen? Das sei ferne! Denn auch ich bin ein Israelit, aus dem Samen Abrahams, aus dem Stamm Benjamin. Gott hat sein Volk nicht verstossen, das er zuvor ersehen hat!»

Paulus beendet diesen Abschnitt des Römerbriefes (über den Unterschied zwischen dem Plan Gottes für Israel und für die Gemeinde), indem er auf einen zukünftigen Tag am Ende des Gemeindezeitalters hinweist, an dem sich Israel gemeinschaftlich an den wahren Messias wenden wird, um von ihm erlöst zu werden. In Römer 11,25-26 schreibt er: «Denn ich will nicht, meine Brüder, dass euch dieses Geheimnis unbekannt bleibt, damit ihr euch nicht selbst für klug haltet: Israel ist zum Teil Verstockung widerfahren, *bis die Vollzahl der Heiden eingegangen ist; und so wird ganz Israel gerettet werden*» (Hervorhebung durch die Autoren). Paulus bezog sich auf den zukünftigen Augenblick, über den Jesus prophezeite: «Ich sage euch: Ihr werdet mich von jetzt an nicht mehr sehen, bis ihr sprechen werdet: ‹Gepriesen sei der, welcher kommt im Namen des Herrn!›» (Mt 23,39).

Um errettet zu werden, muss jeder Mensch Christus persönlich als seinen Erlöser annehmen (Apg 4,12; Röm 3,23-31; 10,1-4).

Was die Gemeinde und Israel als Einheiten angeht, so hat Gott für beide sehr unterschiedliche Absichten. Wie könnten wir Gottes bedingungslosen Verheissungen an die Gemeinde vertrauen, wenn er seine bedingungslosen Verheissungen an Israel brechen würde?

#2 Was sind die wichtigsten Ansichten über die Beziehung zwischen Israel und der Gemeinde?

Im Wesentlichen gibt es drei Ansätze, um die Beziehung zwischen der Gemeinde und Israel zu verstehen: die Substitutionstheologie, die Bundestheologie und den Dispensationalismus.

Die *Substitutionstheologie* (auch bekannt als Supersessionismus) lehrt, dass die Gemeinde Israel ersetzt hat und alle an Israel gegebenen Verheissungen jetzt auf die Gemeinde übertragen wurden. Diese Sicht bedeutet, dass die Juden nicht mehr Gottes auserwähltes Volk sind und dass Gott keine konkreten Zukunftspläne mit Israel hat. Obschon diese Sichtweise an sich nicht antisemitisch ist, hat sie oft zu Antisemitismus geführt. Sogar der grosse Reformator Martin Luther schrieb ein auf der Substitutionstheologie basierendes Buch mit dem Titel *Von den Juden und ihren Lügen*, das darauf drängte, sie zu verfolgen. Später benutzte Hitler Luthers Buch, um seine mörderischen antisemitischen Ambitionen zu stützen.

Die *Bundestheologie* (von reformierten/calvinistischen Theologen bevorzugt) lehrt, dass die Gemeinde eine Erweiterung, ein Ableger oder eine Fortsetzung Israels ist. Die Grundlage der Bundestheologie sind (vereinfacht ausgedrückt) zwei umfassende Bündnisse in der Heiligen Schrift: der Bund der Werke und der Bund der Gnade. Sie lehrt, dass die Gemeinde im Wesentlichen seit der Zeit existiert, als Gott den Gnadenbund mit Adam schloss. Das jüdische Volk ist sozusagen ein Anfangspunkt, der weiterhin wächst und auserwählte Gläubige aus allen Nationen einschliesst. Die Bundestheologie allegorisiert die Schrift zwangsläufig und ignoriert konkrete bedingungslose Prophezeiungen über Israel und das jüdische Volk, die bisher noch nicht erfüllt wurden. Die Endzeitprophetie wird als allegorisch betrachtet und die Wiedergeburt des modernen Israel nicht als eine Erfüllung der Prophetie.

Der dritte Ansatz, den wir für den richtigen halten, besagt, dass die Bibel von 1. Mose bis zur Offenbarung konsequent wörtlich ausgelegt werden sollte. Die sich aus diesem Ansatz ergebenden Schlussfolgerungen zeigen deutlich, dass Gott zwei unterschiedliche Pläne hat – einen für Israel und einen anderen für die Gemeinde – und er in unterschiedlichen Phasen der biblischen Geschichte fortschreitend wirkte. Dieser Ansatz nennt sich *Dispensationalismus* oder *Prämillennialismus*. Er bestätigt die eindeutige Tatsache, dass sich die Gemeinde nicht mehr unter dem mosaischen Bund befindet und die Errettung allein durch den Glauben an Jesus Christus erfolgt. Er anerkennt aber auch die bedingungslosen Verheissungen des abrahamitischen Bundes und rechnet mit einer wörtlichen Erfüllung der Prophezeiungen an Israel und das jüdische Volk. Er sieht in der Wiedergeburt des modernen Israel eine wörtliche Erfüllung der Prophetie.

Diese Sicht stimmt mit der Bibel überein und verwendet eine konsequente Hermeneutik von 1. Mose bis zur Offenbarung. Sie lehrt, dass Menschen allein durch die Gnade mittels des Glaubens errettet werden und Gott zwei unterschiedliche Absichten (und noch nicht erfüllte Prophezeiungen) für Israel und die Gemeinde hat. Beide Gruppen werden im kommenden Tausendjährigen Reich und letztendlich im ewigen Zustand auf wunderbare Weise verschmelzen.

In allen drei Sichtweisen herrscht die Überzeugung, dass man sich persönlich für die Nachfolge Jesu entscheiden muss, um errettet zu werden.

Prophetisch gesehen, gibt es grosse Abschnitte der Heiligen Schrift, die eindeutig beschreiben, dass Israel als Nation wiederersteht und anschliessend ein herrliches Zeitalter erlebt. Sowohl Jesaja als auch Jeremia beschreiben unglaublich viele prophetische Details über diese zukünftige Zeit. Ausserdem zeigt das Buch der Offenbarung (unterstützt von Daniel 9), dass Gott seine Aufmerksamkeit in der zukünftigen siebenjährigen Drangsalszeit wieder auf seinen Plan mit Israel richtet. Dieser Zeitraum ist auch bekannt als 70. Woche Daniels (Dan 9,27) und als Drangsal Jakobs (nicht der Gemeinde; s. Jer 30,7).

In den 404 Versen der Offenbarung gibt es mehr als 800 direkte Hinweise auf das Alte Testament. Wir finden auch 144 000 jüdische Evangelisten, zwei jüdische Zeugen und einen deutlichen Fokus der Weltereignisse auf Israel, Jerusalem und den Tempelberg. Offenbarung 12 legt die Hauptabsicht der zukünftigen

Drangsalszeit auf Gottes Plan mit seinem auserwählten Volk. In Offenbarung 20,1-7 finden wir den zeitlichen Rahmen, in welchem alle alttestamentlichen Verheissungen über das Reich erfüllt werden.

In den zukünftigen neuen Himmeln, der neuen Erde und dem neuen Jerusalem finden wir auch einen vereinten Symbolismus. In der Ewigkeit erkunden wir die neuen Himmel und die neue Erde, aber unser Wohnort wird in der ewigen Hauptstadt sein – dem neuen Jerusalem. In Offenbarung 21,10-14 sagt uns Johannes, dass das neue Jerusalem zwölf Tore mit den Namen der zwölf Stämme Israels und zwölf Grundsteine mit den Namen der zwölf Apostel haben wird. Die ganze Ewigkeit über werden wir an Gottes unterschiedliche – aber vollkommen in Einklang gebrachte – Pläne für Israel und die Gemeinde erinnert.

#3 Ist das jüdische Volk entscheidend für die Endzeitprophetie?

Ja, viele alttestamentliche Prophezeiungen befassen sich detailliert mit der Zerstreuung, Misshandlung und Rückkehr des jüdischen Volkes in sein Heimatland in der Endzeit.

Die letzten vier Verse von Daniel 9 liefern einen Überblick über Gottes prophetischen Plan mit dem jüdischen Volk ab der Zeit Daniels bis zum Ende. Wenn wir diesen Text gründlich studieren, wird uns völlig klar, dass das jüdische Volk eine wichtige Rolle in den Ereignissen der Endzeit spielt.

Das letzte Buch der Bibel, die Offenbarung, beschreibt das Ende des Gemeindezeitalters und wie Gott sein Handeln mit Israel wieder aufnimmt. Bei der letzten Frage haben wir schon herausgestellt, dass die 404 Verse der Offenbarung mehr als 800 direkte Hinweise auf das Alte Testament und mehrere wichtige jüdische Personen enthalten. Wir sehen zwei jüdische Zeugen, 144 000 jüdische Evangelisten (12 000 aus jedem Stamm) und einen deutlichen Fokus auf Israel, Jerusalem und den jüdischen Tempel in der Endzeit.

In der Drangsalszeit wird die Gemeinde bei Jesus im Himmel sein (Offb 4,1-5.9-11), während Gott das böse Weltsystem richtet und das Herz des jüdischen Volkes zum wahren Messias hinwendet (Offb 7,1-8; 11,3-12; 12,1-6; 14,1-4). In Matthäus 23,37 sagte Jesus ausdrücklich: «Jerusalem, Jerusalem, die du die Propheten tötest und steinigst, die zu dir gesandt sind! Wie oft habe ich deine Kinder sammeln wollen, wie eine Henne ihre Küken unter die Flügel sammelt, aber ihr habt nicht gewollt!» Und in Vers 39 fügt er hinzu: «Ihr werdet mich von jetzt an nicht mehr sehen, bis ihr sprechen werdet: ‹Gepriesen sei der, welcher kommt im Namen des Herrn!›» Im Grunde sagte er damit: «Das Gericht kommt, und ihr werdet auf der ganzen Erde zerstreut werden und blind für die Wahrheit über meine Person sein, bis der Zeitpunkt gekommen ist, an dem ihr erkennen werdet, dass ich der Messias war, auf den ihr gewartet hattet.»

In Römer 9–11 gibt uns Paulus weitere Einblicke. In Kapitel 11,25 macht er darauf aufmerksam: «Israel ist zum Teil Verstockung widerfahren, bis die Vollzahl der Heiden eingegangen ist.» Um jedem klarzumachen, dass Gottes Plan für Israel an diesem Punkt nicht endet, sagt er im nächsten Vers ausdrücklich: «So wird ganz Israel gerettet werden.» Am Ende der Drangsalszeit, wenn der Drache (der Teufel durch den Antichristen) die Juden verfolgt (s. Offb 12), werden sie beschützt und sich gemeinschaftlich an den Herrn als ihren wahren Messias wenden. Israels Errettung ist das Ausrufezeichen am Schluss der biblischen Erzählung. Christus wird auf die Erde zurückkehren, um sein Reich aufzurichten, wenn Israels Blindheit verschwunden ist und sie letzten Endes erkennen, dass Jesus ihr wahrer Messias ist.

Wie bereits erwähnt, werden die Gemeinde und Israel nach der Drangsalszeit auf wunderbare Weise verschmelzen. In der Ewigkeit wird es eine Stadt geben, bekannt als das neue Jerusalem. Sie wird zwölf Tore mit den Namen der zwölf Stämme Israels (Offb 21,12) und zwölf Grundsteine mit den Namen der zwölf Apostel haben (V. 14). Israel (alle aus dem jüdischen Volk, die Christus angenommen haben) und die Gemeinde (alle Nichtjuden, die Christus angenommen haben) werden sich übergangslos vermischen und zusammen Gottes Gegenwart in alle Ewigkeit geniessen.

Wir sollten uns daran erinnern, dass alle Bücher der Bibel von Juden geschrieben wurden, unser Erlöser Jesus Christus ist (nicht: war) ein Jude, und jeder Einzelne, der bei der Geburt der Gemeinde zu Pfingsten zu ihr gehörte, war jüdisch. Das

Gemeindezeitalter ist ein souverän geplanter Einschub im Plan Gottes für sein auserwähltes Volk.

#4 Ist die Nation Israel entscheidend für die Endzeitprophetie?

Ja, absolut. Es ist die entscheidende Komponente. Alle wichtigen Texte der Endzeitprophetie – inklusive Hesekiel 38, Daniel 9, Matthäus 24, Markus 13, Lukas 21 und mehrerer Kapitel in der Offenbarung – erfordern zwangsläufig die Existenz der Nation Israel. Wie wir bereits in Kapitel 3 über Endzeitzeichen erwähnt haben, sprechen Prophetie-Experten von Israels Wiedergeburt als dem *Superzeichen*. Erstens hängen alle anderen Endzeitereignisse von diesem Zeichen ab. Zweitens nennen Experten es das Superzeichen aufgrund seines enormen Ausmasses und weil es einfach unmöglich ist, dass es sich rein zufällig ereignet. Ausser Jona sagte jeder alttestamentliche Prophet voraus, dass Israel in der Endzeit wieder eine Nation wird.

Da die Erfüllung aller Endzeitprophezeiungen von der Existenz der Nation Israel abhängt, wird das moderne Israel von vielen Prophetielehrern auch als die Uhr der Endzeitprophetie bezeichnet. Es wurde sogar gesagt, dass Israel die Uhr, Jerusalem der Stundenzeiger und der Tempelberg in Jerusalem der Minutenzeiger sei. Israels Wiedergeburt hebt die prophetische Tatsache hervor, dass wir der Zeit des Endes sehr nahe sind.

Der Teufel hat es tatsächlich geschafft, viele Gläubige für die prophetische Bedeutung der Wiedergeburt Israels im Jahr 1948 blind zu machen. Viele Menschen in der Gemeinde wurden nicht über diese grossartige Erfüllung der biblischen Prophetie belehrt. Die Tatsache, dass sie sowohl im Alten als auch im Neuen Testament viele Male vorausgesagt wurde, sollte uns deutlich machen, wie tiefgreifend diese Erfüllung in der heutigen Zeit ist. Sie ist der wichtigste Indikator, dass die Zeit der Gemeinde zu Ende geht. Die Wiedergeburt Israels im Jahr 1948 war kein zufälliges historisches Ereignis der Geopolitik. Es war die konkrete Erfüllung einer Prophezeiung, die mit unglaublicher Genauigkeit vorausgesagt wurde – mit einer Entwicklungsgeschichte von 2600 Jahren!

#5 Ist Jerusalem entscheidend für die Endzeitprophetie?

Ja. Neben anderen Gründen (von denen wir einige im Verlauf weiter ausführen) erwähnen sowohl Daniel (9,27) als auch Jesus (Mt 24,15-16; Mk 13,14) den Gräuel der Verwüstung – ein Ereignis zur Mitte der Drangsalszeit, bei dem der Antichrist den noch zu erbauenden jüdischen Tempel verunreinigen wird. Ausserdem teilte Jesus seinen Jüngern mit, dass Jerusalem in der Endzeit umstellt sein werde. In Offenbarung 12 gibt uns Johannes weitere Informationen. Der Antichrist wird seinen Bund mit dem jüdischen Volk exakt in der Mitte der zukünftigen Drangsalszeit brechen und es grausam verfolgen im Versuch, jeden Juden auf der Erde zu vernichten. Aber Gott wird den Überrest, der sich am Ende der Drangsalszeit zum Herrn hinwendet, beschützen.

JERUSALEM

DAS EPIZENTRUM DER BIBLISCHEN PROPHETIE

Wir finden auch andere direkte Prophezeiungen über Jerusalem in der Endzeit. Die untenstehende Prophezeiung wurde nach der Rückkehr des jüdischen Volkes aus der Babylonischen Gefangenschaft geschrieben. Sacharja schrieb etwa 500 Jahre vor Christus und 570 Jahre bevor die Römer Jerusalem angriffen und den Tempel zerstörten. Mit anderen Worten, diese Prophezeiung ergab für die Generation, in der sie geschrieben wurde, keinen Sinn, da das jüdische Volk bereits aus der Gefangenschaft in Babylon nach Jerusalem zurückgekehrt war.

> So spricht der HERR der Heerscharen: Es sollen noch alte Männer und alte Frauen in den Strassen Jerusalems sitzen, jeder mit einem Stab in seiner Hand wegen ihres hohen Alters. Und die Strassen der Stadt sollen erfüllt werden mit Knaben und Mädchen, die auf ihren Strassen spielen. So spricht der HERR der Heerscharen: Wenn das wunderbar sein wird in den Augen des Überrestes dieses Volkes in jenen Tagen, sollte es auch in meinen Augen wunderbar sein?,

> spricht der HERR der Heerscharen. So spricht der HERR der Heerscharen: Siehe, ich rette mein Volk aus dem Land des Aufgangs und aus dem Land des Untergangs der Sonne; und ich will sie herbeibringen, dass sie mitten in Jerusalem wohnen sollen; und sie werden mein Volk sein, und ich will ihr Gott sein in Wahrheit und Gerechtigkeit (Sach 8,4-8).

Später in seinem Buch nennt Sacharja noch mehr Details über Jerusalem in der zukünftigen Drangsalszeit, bekannt als Tag des Herrn (achten Sie in der untenstehenden Bibelstelle auf den Ausdruck «an jenem Tag»). In Kapitel 12 lesen wir:

> Siehe, ich mache Jerusalem zum Taumelkelch für alle Völker ringsum, und auch über Juda wird es kommen bei der Belagerung Jerusalems. Und es soll geschehen an jenem Tag, dass ich Jerusalem zum Laststein für alle Völker machen werde; alle, die ihn heben wollen, werden sich gewisslich daran wund reissen; und alle Heidenvölker der Erde werden sich gegen es versammeln (Sach 12,2-3).

Der nächste Vers ist besonders überzeugend, da Lukas über Jesu berühmte Endzeitbelehrung (die Ölbergrede) berichtet, in der er ein entscheidendes Detail über Jerusalem erwähnt, das in unserer Zeit teilweise erfüllt wurde: «Und sie werden fallen durch die Schärfe des Schwerts und gefangen weggeführt werden unter alle Heiden. Und Jerusalem wird zertreten werden von den Heiden, bis die Zeiten der Heiden erfüllt sind» (Lk 21,24).

In diesem einzelnen Vers prophezeite Jesus, dass das jüdische Volk angegriffen, aus seinem Land vertrieben, über die ganze Welt verstreut und Jerusalem unter nichtjüdische Kontrolle kommen werde. Das alles geschah genau so, wie es vorausgesagt wurde. Beachten Sie aber auch, dass Jesus ein Ende der nichtjüdischen Kontrolle Jerusalems andeutete.

Am 7. Juni 1967 hatte Israel Jerusalem im Sechstagekrieg wieder zurückerobert. Zum ersten Mal nach 1897 Jahren hatte das jüdische Volk die souveräne Kontrolle über seine alte Hauptstadt. Das war eine wichtige Erfüllung der biblischen Prophetie in unserer heutigen Zeit, die die Bühne für die Rückkehr Christi vorbereitete.

#6 | Was ist der abrahamitische Bund?

Der abrahamitische Bund ist ein konkreter, wörtlich zu verstehender und bedingungsloser Bund zwischen Gott, Abraham und – im erweiterten Sinne – dessen Nachkommen, dem jüdischen Volk. In 1. Mose 12,1-3 lesen wir über diesen Bund:

> Und ich will dich zu einem grossen Volk machen
> und dich segnen
> und deinen Namen gross machen,
> und du sollst ein Segen sein.
> Ich will segnen, die dich segnen,
> und verfluchen, die dich verfluchen;
> und in dir sollen gesegnet werden alle Geschlechter auf der Erde!

1. Mose 15 berichtet von einer Opferzeremonie, die den Bund bestätigt. Es war ein einseitig von Gott geschlossener Bund, der das Opfer in zwei Teile teilte und mitten hindurchging (während

Abraham schlief). Der Symbolismus dieser alten Bundeszeremonie brachte im Wesentlichen zum Ausdruck: «Ich gebe diese Verheissung. Wenn ich sie nicht einhalte, soll ich wie dieses Opfer zweigeteilt werden.» Kurz gesagt, es war ein bedingungsloser, verpflichtender und dauerhafter Bund, dessen Einhaltung Gott versprochen hatte.

1. MOSE 12,2-3
EINSEITIGER BUND

In 1. Mose 17,9-14 fügte Gott die Beschneidung als ein Zeichen des Bundes hinzu, die Abraham und seine Nachkommen vornehmen sollten. Gott änderte seinen Namen auch von Abram («erhabener Vater») in Abraham («Vater einer Menge»). Verschiedene Wiederholungen des Bundes im ersten Buch Mose – so wie Gottes anfängliche Berufung Abrams in Kapitel 12,1 – enthalten auch konkrete Details über das Land. Beachten Sie die wichtigen Details, die wir in den folgenden Versen kenntlich gemacht haben:

> Der HERR aber hatte zu Abram gesprochen:
> «Geh hinaus aus deinem Land
> und aus deiner Verwandtschaft
> und aus dem Haus deines Vaters

> in *das Land*, das ich dir zeigen werde!»
> (1Mo 12,1; Hervorhebung durch die Autoren)

> «Denn *das ganze Land*, das du siehst, will ich dir und deinem Samen geben auf ewig.»
> (1Mo 13,15; Hervorhebung durch die Autoren)

An jenem Tag machte der HERR einen Bund mit Abram und sprach:

> «Deinem Samen habe ich *dieses Land gegeben, vom Strom Ägyptens bis an den grossen Strom, den Euphrat.*»
> (1Mo 15,18; Hervorhebung durch die Autoren)

Festzuhalten ist: In der Heiligen Schrift ist ebenso klar vorausgesagt, dass Israel durch eine Phase des Umherschweifens und der Rebellion gehen werde. Das sollte schliesslich zu seiner weltweiten Zerstreuung führen – aber danach werde Gott das jüdische Volk wieder in seinem ursprünglichen Land sammeln. 5. Mose 30,1-10 berichtet von dieser Prophezeiung in grosser Detailfülle. In Vers 5 lesen wir beispielsweise: «Und der HERR, dein Gott, wird dich *in das Land zurückbringen, das deine Väter besessen haben*, und du wirst es in Besitz nehmen, und er wird dir Gutes tun und dich mehren, mehr als deine Väter» (Hervorhebung durch die Autoren).

Diese Prophezeiung wurde wörtlich erfüllt, was ihre Legitimität und Beständigkeit bestätigt. Gottes Bund wurde gegenüber Abrahams Sohn Isaak und später gegenüber seinem Enkelsohn Jakob wiederholt, dessen Namen Gott in *Israel* änderte. Schliesslich führte Josua die Israeliten in das verheissene Land, um es in Besitz zu nehmen. Im ganzen Alten Testament umfasst Gottes Bund mit Abraham durchgehend sowohl das Volk als auch das Land.

Wie in der anfänglichen Bundesaussage in 1. Mose 12,2-3 prophezeit, wurde die ganze Welt durch Abraham und seine Nachkommen tatsächlich auf vielerlei Weise gesegnet, nicht zuletzt, weil die Heilige Schrift (100 Prozent des Alten und des Neuen Testaments) und der Erlöser den Nachkommen Abrahams entstammen. Auch die negativen Details des Bundes haben sich als zutreffend erwiesen. Jeder Feind, der sich damals wie heute gegen Israel stellte, hatte unter schweren Konsequenzen zu leiden.

#7 | Was ist der davidische Bund?

Zusätzlich zum weitreichenden abrahamitischen Bund in Bezug auf Land und Volk hat Gott auch einen bedingungslosen und dauerhaften Bund mit David geschlossen durch den Propheten Nathan (2Sam 7). Hauptmerkmal des davidischen Bundes ist, dass ein zukünftiger Herrscher aus der Linie Davids, dessen Thron ewig Bestand hat (7,16), ein Reich errichtet (7,12).

In diesem prophetischen Bund finden sich sowohl zeitlich nahe als auch weit entfernte Elemente oder eine zweifache Erfüllung von Prophezeiungen (unmittelbarer Kontext und zukünftiger Kontext). Der Text enthält zum einen konkrete Details über Davids Sohn Salomo, aber auch über einen rätselhaften zukünftigen Nachkommen – von dem wir wissen, dass es Jesus ist. Der davidische Bund baut auf der ersten Prophezeiung über einen

Messias in 1. Mose 3,15 auf, wo vom zukünftigen «Samen der Frau» die Rede ist, der den Teufel unschädlich machen sollte.

In 1. Chronik 17,11-14 und 2. Chronik 6,16 wird der davidische Bund zusammenfassend wiederholt. Im Nachhinein (vom Standpunkt des Kreuzes und der Endzeitprophezeiungen aus gesehen) erkennen wir, dass die weitergehende Verheissung auf das zukünftige Tausendjährige Reich abzielt.

> Und es wird geschehen, wenn deine Tage erfüllt sind, sodass du zu deinen Vätern hingehst, so will ich deinen Samen nach dir erwecken, der von deinen Söhnen sein wird; und ich werde sein Königtum befestigen. Der wird mir ein Haus bauen, und ich werde seinen Thron auf ewig befestigen. Ich will sein Vater sein, und er soll mein Sohn sein. Und ich will meine Gnade nicht von ihm weichen lassen, wie ich sie von dem weichen liess, der vor dir war; sondern ich will ihn auf ewig über mein Haus und mein Königreich einsetzen, und sein Thron soll auf ewig fest stehen! (1Chr 17,11-14).

Der davidische Bund liefert entscheidende Details, die die logische Notwendigkeit eines buchstäblichen zukünftigen Reiches des Messias unterstützen. Weitere Einzelheiten (insbesondere in den Psalmen, Jesaja, Sacharja und Offenbarung 20,1-7) weisen ebenfalls auf ein wörtlich zu verstehendes Reich in der Zukunft hin. Jesaja 9,5, das oft zur Weihnachtszeit vorgelesen wird, hat die Geburt des Messias vorausgesagt – aber die Leute übersehen häufig, dass dort auch von «die Herrschaft ruht auf seiner Schulter» die Rede ist. Obschon es eine Unterbrechung auf dem Thron gab (angedeutet in 2Chr 6,16), wird die bedingungslose Verheissung auf einen nie endenden zukünftigen Herrscher aus der Linie Davids letzten Endes im zukünftigen Tausendjährigen Reich (Offb 20,1-7) und danach im ewigen Zustand erfüllt werden (Offb 21–22).

#8 Muss das jüdische Volk Christus annehmen, um errettet zu werden?

Ja. Die Schrift sagt ganz klar, dass sich jeder persönlich für Christus entscheiden muss, um errettet zu werden. Obgleich die Juden Gottes auserwähltes Volk sind (auf Grundlage des abrahamitischen und des davidischen Bundes und vieler spezieller Prophezeiungen über Endzeitereignisse), sind sie nicht automatisch errettet. Sie wurden nur zwangsläufig als Volk erhalten und zur Erfüllung der Zukunftspläne Gottes abgesondert. Zur Vergebung seiner Sünden muss sich jeder, der dazu in der Lage ist, persönlich für Christus als seinen Erlöser entscheiden, wenn er mit dem Evangelium konfrontiert wird. Beachten Sie die folgenden Verse:

> Apostelgeschichte 4,12 – «Und es ist in keinem anderen das Heil; denn es ist kein anderer Name unter dem Himmel den Menschen gegeben, in dem wir gerettet werden sollen!»
>
> Römer 3,23-24 – «Denn alle haben gesündigt und verfehlen die Herrlichkeit, die sie vor Gott haben sollten, sodass sie ohne Verdienst gerechtfertigt werden durch seine Gnade aufgrund der Erlösung, die in Christus Jesus ist.»

In Römer 9–11 beantwortet Paulus diese Frage sehr ausführlich. Beachten Sie: In den folgenden Versen macht er unmissverständlich klar, dass sogar das auserwählte Volk Gottes an Christus glauben muss, um errettet zu werden:

> Römer 10,1-4 – «Brüder, der Wunsch meines Herzens und mein Flehen zu Gott für Israel ist, dass sie gerettet werden. Denn ich gebe ihnen das Zeugnis, dass sie Eifer für Gott haben, aber nicht nach der rechten Erkenntnis. Denn weil sie die Gerechtigkeit Gottes nicht erkennen und ihre eigene Gerechtigkeit aufzurichten trachten, haben sie sich der Gerechtigkeit Gottes nicht unterworfen. Denn Christus ist das Ende des Gesetzes zur Gerechtigkeit für jeden, der glaubt.»

Paulus macht absolut klar, dass Jesus das Gesetz erfüllte, und «jeder» muss an ihn glauben, um errettet zu werden. Darüber hinaus sollten Sie nicht vergessen, dass die Erfüllung des Gesetzes den abrahamitischen Bund nicht für ungültig erklärt. Gott gab seine bedingungslosen und dauerhaften Verheissungen an Abraham und seine Nachkommen lange vor dem Gesetz.

Diese und viele weitere Verse machen eines ganz klar: Jeder einzelne Mensch muss zu seiner Errettung eine persönliche Entscheidung für Christus treffen, ungeachtet der Tatsache, dass Gott für das jüdische Volk und die Gemeinde unterschiedliche Pläne und Funktionen in der Endzeit vorgesehen hat. Im Alten Testament schauten die Menschen nach vorne auf den kommenden Messias. Im Gemeindezeitalter blicken wir zurück auf das vollbrachte Werk Christi am Kreuz. In der Zukunft werden wir den Augenblick feiern, in dem Israels teilweise Blindheit weggenommen wird und sie schliesslich Jesus als ihren persönlichen Erlöser und gemeinsamen König annehmen werden.

#9 Was sollten Christen vom israelisch-palästinensischen Konflikt halten?

Vor 1948 war *Palästinenser* nur ein regionaler und kein ethnischer Begriff. Nachdem Jerusalem 70 n. Chr. von Rom zerstört worden war, rebellierte das jüdische Volk ein weiteres Mal im sogenannten Bar-Kochba-Aufstand (132–135 n. Chr.). Etwa zur selben Zeit änderte der römische Kaiser Hadrian den Namen der judäischen Provinz. Er legte sie zusammen mit der römischen Provinz Syrien und benannte sie (als bewusste Provokation für die Juden) nach ihren alten Erzfeinden – den Philistern –, obschon diese gar nicht mehr existierten. Der neue Name der Provinz lautete Syrien-Palästina.

In den folgenden Jahrhunderten kamen und gingen die verschiedensten nomadischen Volksgruppen, aber das Land war so trostlos, dass nur wenige blieben. Zwischen 70 n. Chr. und 1948 bezeichnete man mit dem Begriff *Palästina* eine Region im Nahen Osten, die aber zu keiner Zeit ein souveräner Staat wurde oder eine konkrete ethnische Verbindung zu irgendeiner Volksgruppe aufwies. Zu jener Zeit betrachteten sich die Menschen in der Gegend als Syrer.

Im 4. Jahrhundert wurde die Region Teil des Osmanischen Reiches – und das blieb sie auch so lange, bis sich die osmanischen Türken im Ersten Weltkrieg für die falsche Seite entschieden. Das führte zum Niedergang des Reiches durch das «Mandat für Palästina» des Völkerbundes im Juli 1922.

Das schloss den Plan ein, eine nationale Heimstätte für das jüdische Volk zu errichten. Nur wenige Monate später wurde das ursprünglich für das jüdische Volk vorgesehene Land um 75 Prozent reduziert. Das heutige Jordanien war anfangs als Teil des jüdischen Staates geplant, aber der Druck seitens der Araber führte zu einer Planänderung. Mit anderen Worten, der separate Staat, auf den so viele Nationen, Führer und Uno-Resolutionen drängen, existierte bereits. Jordanien wurde ausdrücklich mit dem Ziel gegründet, den Arabern (von den Leuten heute Palästinenser genannt) ein Heimatland zu geben.

Nach den schrecklichen Ereignissen des Zweiten Weltkriegs übernahmen die Vereinten Nationen am 29. November 1947 in einem kurzen Augenblick der Sympathie die Resolution zur Teilung Palästinas. Grossbritannien gab bekannt, dass seine Aufsicht über die Region am 15. Mai 1948 enden werde. So wurde der Staat Israel offiziell am 14. Mai an einem einzigen Tag «geboren» – genau so, wie die Schrift es vorausgesagt hatte (Jes 66,8).

Von 1948 bis zum Sechstagekrieg im Jahr 1967 standen die als Westjordanland und Gaza bekannten Gebiete unter jordanischer Kontrolle. Es gab nie den Versuch, einen palästinensischen Staat zu schaffen. Die Palästinensische Befreiungsorganisation (PLO) wurde mit der ausdrücklichen Absicht gegründet, den jüdischen Staat auszulöschen. Das wahre Ziel der PLO ist nicht die Gründung eines palästinensischen Staates, sondern die Zerstörung Israels. Die Gründungscharta der PLO erkennt Israels Existenzrecht in keiner Form an. Aus diesem Grund hat die PLO auch nie den Versuch eines «Friedensabkommens» akzeptiert.

Das alles hat mit den Endzeitereignissen und einem vom Teufel angestachelten Hass auf das jüdische Volk zu tun. Es geht dabei nicht um ein unterdrücktes Volk, das sich nach seinem eigenen Staat, wo es gut leben kann, sehnt. In Wirklichkeit geht es den in Israel lebenden Arabern bereits gut. Die unter palästinensischer Führung (die im Grunde aus Terrorgruppen besteht) stehenden Araber müssen grosses Leid ertragen und bekommen selten finanzielle Mittel oder Hilfe von ausserhalb – bis auf die Altersversorgung für Familien von Terroristen, die das jüdische Volk zu töten versuchen.

Bei alledem dürfen wir nicht vergessen, dass allen Volksgruppen im Nahen Osten Respekt und Würde entgegengebracht werden sollte. Wir sollten Gott bitten, die Araber/Palästinenser ebenso zu segnen wie das jüdische Volk. Alle Menschen wurden im Bilde Gottes geschaffen. Das Gebot Jesu, unseren Nächsten zu lieben wie uns selbst (Mk 12,31), gilt für jede Volksgruppe in jedem geografischen Gebiet. Viele christliche Dienste in und um Israel herum verfolgen genau dieses Ziel.

#10 Werden sich alle Juden eines Tages zu Christus hinwenden?

Ja, am Ende der Drangsalszeit werden alle noch lebenden Juden Christus als ihren wahren Messias ansehen und von ihm Erlösung empfangen. In den letzten Jahrzehnten ist die Zahl der messianischen jüdischen Gemeinden (mit Juden, die Christen wurden) in Israel und auf der ganzen Welt stetig gestiegen.

Sollte es jemals zur Diskussion gestanden haben, ob Gott mit seinem auserwählten Volk abgeschlossen habe, dann machte Paulus ganz deutlich: «Ich frage nun: Hat Gott etwa sein Volk verstossen? Das sei ferne! Denn auch ich bin ein Israelit, aus dem Samen Abrahams, aus dem Stamm Benjamin» (Röm 11,1).

Später im selben Kapitel sagt er in den Versen 25-26 unmissverständlich: «Denn ich will nicht, meine Brüder, dass euch dieses Geheimnis unbekannt bleibt, damit ihr euch nicht selbst für klug haltet: Israel ist zum Teil Verstockung widerfahren, bis die Vollzahl der Heiden eingegangen ist; und so wird ganz Israel gerettet werden.»

Das heisst aber nicht, dass jeder Jude, der jemals gelebt hat, automatisch errettet ist. Vielmehr bedeutet es, dass eine Zeit kommen wird, in der sich ganz Israel – alle noch lebenden Juden – gemeinschaftlich zum Herrn hinwendet, um von ihm errettet zu werden.

Als die religiösen jüdischen Führer und die Menschenmenge Jesus bei seinem ersten Kommen ablehnten und ihre Verstockung begann (wie Paulus es ausdrückte), sagte Jesus in Matthäus 23,37-39:

> Jerusalem, Jerusalem, die du die Propheten tötest und steinigst, die zu dir gesandt sind! Wie oft habe ich deine Kinder sammeln wollen, wie eine Henne ihre Küken unter die Flügel sammelt, aber ihr habt nicht gewollt! Siehe, euer Haus wird euch verwüstet gelassen werden; denn ich sage euch: Ihr werdet mich von jetzt an nicht mehr sehen, bis ihr sprechen werdet: «Gepriesen sei der, welcher kommt im Namen des Herrn!»

Das jüdische Volk (in seiner Gesamtheit) wird Jesus erst dann sehen, wenn es ihn als seinen wahren Erlöser anerkennt und ihn um Errettung bittet. Aus der biblischen Prophetie wissen wir, dass dies am Ende der siebenjährigen Drangsalszeit, auch bekannt als Daniels 70. Woche (Dan 9), geschehen wird.

Mit der zukünftigen siebenjährigen Drangsalszeit verfolgt Gott in erster Linie die Absicht, sein Volk für sich zurückzugewinnen. Die Mehrheit des jüdischen Volkes wird Christus als Messias ablehnen und sich einem falschen Messias (Antichrist) anschliessen, weil man ihn für den lang erwarteten politischen Erlöser hält. Zur Mitte der Drangsalszeit wird sich dieser falsche Messias gegen das jüdische Volk stellen und versuchen, es zu vernichten. Er wird so erfolgreich sein, dass nur noch ein jüdischer Überrest bleibt. Dieser wird von Gott beschützt werden und Jesus um Errettung bitten. Nachzulesen ist das in Matthäus 24 und Offenbarung 12.

KAPITEL 6

Die Drangsalszeit

#1 | Im Alten Testament vorausgesagt

Von der zukünftigen Drangsalszeit erfahren wir zum ersten Mal im Alten Testament. Sie ist unter verschiedenen Bezeichnungen bekannt wie zum Beispiel dem «Tag des Herrn», der «Drangsal Jakobs» und dem «Tag». Abhängig vom Kontext sprechen die Autoren entweder von der Drangsalszeit oder der Drangsalszeit und dem anschliessenden Tausendjährigen Reich. Manchmal wird der Begriff verwendet, um Gottes Gericht über eine Nation im Allgemeinen anzudeuten. Sehr häufig wird der Ausdruck *Drangsalszeit* für den Zeitraum gebraucht, in welchem Gott seine endzeitlichen Gerichte über die Erde bringen wird.

In Daniel 9,20-27 lesen wir von «sieben» mal siebzig Einheiten, gemeint sind jeweils Zeiträume von sieben Jahren – ähnlich wie die von uns verwendete *Dekade* für eine Einheit von zehn Jahren. In Daniel 9,27 erfahren wir, dass die letzte Einheit von sieben Jahren «die fest beschlossene Vernichtung» beinhaltet. Diese Stelle liefert uns die Dauer der Drangsalszeit (sieben Jahre) sowie das Hauptereignis, das diesen Zeitraum einleitet (ein Bündnis zwischen Israel und einem bösen endzeitlichen Herrscher).

Viele alttestamentliche Propheten schrieben über diese zukünftige Zeit der Gerichte Gottes auf Erden. In Jesaja 13,9 lesen wir zum Beispiel:

> Siehe, der Tag des HERRN kommt,
> unbarmherzig, mit Grimm und Zornglut,
> um die Erde zur Wüste zu machen
> und die Sünder daraus zu vertilgen.

In Jeremia 30 erfahren wir, dass der Tag des Herrn nach der Wiedergeburt Israels als Nation kommen werde (was 1948 geschah). In Vers 3 lesen wir: «Denn siehe, es kommen Tage, spricht der HERR, da ich das Geschick meines Volkes Israel und Juda wenden werde, spricht der HERR; und ich werde sie wieder in das Land zurückbringen, das ich ihren Vätern gegeben habe, und sie sollen es in Besitz nehmen.»

Die Verse 5-7 enthalten dann die folgende Beschreibung:

> So spricht der HERR:
> Wir haben ein Schreckensgeschrei vernommen;

da ist Furcht und kein Friede!
Fragt doch und seht,
ob auch ein Mann gebiert!
Warum sehe ich denn, dass alle Männer ihre Hände
auf den Hüften haben wie eine Gebärende
und dass alle Angesichter bleich geworden sind?
Wehe! Denn gross ist dieser Tag,
keiner ist ihm gleich,
und eine Zeit der Drangsal ist es für Jakob;
aber er wird aus ihr errettet werden!

Diese Stelle berichtet uns von einem Hauptmerkmal der zukünftigen Drangsalszeit: Sie wird sehr schwer werden für Israel (Jakob), aber letzten Endes wird Israel aus ihr errettet hervorgehen. Das passt zu weiteren Details über die Hinwendung des jüdischen Volkes zu Jesus am Ende der Drangsalszeit. (Siehe Frage 10 in Kapitel 5: «Werden sich alle Juden eines Tages zu Christus hinwenden?»)

Des Weiteren sagt Jeremia in den Versen 23-24 über die zukünftige Drangsalszeit:

Siehe, ein Sturmwind,
eine Glut ist vom HERRN ausgegangen;
ein sausender Sturm
wird sich auf den Kopf der Gottlosen stürzen!
Die Zornglut des HERRN wird nicht nachlassen,
bis er die Gedanken seines Herzens
ausgeführt und zustande gebracht hat;
am Ende der Tage werdet ihr es verstehen.

Bei den alttestamentlichen Propheten lassen sich Dutzende von weiteren Passagen finden, in denen der Tag des Herrn beschrieben wird.

VERSCHIEDENE BEZEICHNUNGEN FÜR DEN TAG DES HERRN

Zeit der Drangsal Jakobs	Jeremia 30,7
Daniels 70. Woche	Daniel 9,24-27
eine Zeit der Drangsal	Daniel 12,1
der grosse Tag	Offenbarung 6,17
die Stunde der Versuchung	Offenbarung 3,10
der Zorn	Jesaja 26,20
Drangsal / grosse Drangsal	Matthäus 24,9.21.29; Markus 13,19.24; Offenbarung 7,14
der Tag des Herrn	Joel 1,15; 2,1; 1. Thessalonicher 5,2

Wie in verschiedenen alttestamentlichen Stellen beschrieben (einschliesslich der gerade zitierten), zeichnet sich der Tag des Herrn dadurch aus, dass er die schlimmste Zeit der Gerichte mit sich bringt, die die Erde jemals erlebt hat. Er wird schwerer ausfallen als jede andere Zeit in der Geschichte und plötzlich und unerwartet über die Menschen hereinbrechen, kurz nachdem Israel als Nation wieder aufgeblüht ist.

Das kleine Land Israel wurde 1948 neu gegründet. Es hat ungefähr die Grösse von New Jersey und würde ohne weiteres in den Michigansee passen – dennoch ist es die achtmächtigste Nation der Welt, und sein Reichtum und seine Bevölkerung nehmen immer weiter zu. Die Erfüllung der biblischen Prophetie ist in vollem Gange, und der lange vorausgesagte Tag des Herrn zeichnet sich bereits am Horizont ab.

#2 | Im Neuen Testament ausführlich erklärt

Mit dem Grundwissen über die Drangsalszeit aus dem Alten Testament (inklusive Anfang, Dauer, eines Hauptereignisses in der Mitte und der endzeitlichen Hauptfigur, um die sich alles dreht) kommen wir im Neuen Testament nun zu weiteren Details, die uns helfen, diese zukünftige Zeit der Gerichte besser zu verstehen.

In 2. Thessalonicher 2 erfahren wir, dass der Antichrist erst an die Macht kommt, wenn die Gemeinde durch die Entrückung von der Erde weggenommen ist. Die Endzeitrede Jesu (die Rede auf dem Ölberg in Matthäus 24, Markus 13 und Lukas 21) berichtet uns von zusätzlichen Details über die Drangsalszeit – insbesondere vom Gräuel der Verwüstung. Es ist dasselbe Ereignis zur Mitte der Drangsalszeit, das Daniel in Kapitel 9,27 voraussagte.

Das prophetischste Buch der Bibel – das Buch der Offenbarung – enthält eindeutig die detailreichste Beschreibung der siebenjährigen Drangsalszeit. Offenbarung 6–19 liefert uns eine (grösstenteils) chronologische Abfolge dessen, was in dieser Zeit passieren wird.

Wie die alttestamentlichen Passagen bezeugt auch das Neue Testament, dass diese Zeit des Gerichts plötzlich und unerwartet kommt – aber nicht für jeden. Wer genau hinschaut, wird «den Tag herannahen» sehen (Hebr 10,25). In 1. Thessalonicher 5 erfahren wir mehr über dieses Phänomen. Viele Leute beachten die Verse 1-2 über den Tag des Herrn, der wie ein Dieb in der Nacht kommt, übersehen dann aber die nächsten paar Verse. Lesen Sie sich die untenstehende Stelle aufmerksam durch.

> Von den Zeiten und Zeitpunkten aber braucht man euch Brüdern nicht zu schreiben. Denn ihr wisst ja genau, dass der Tag des Herrn so kommen wird wie ein Dieb in der Nacht. Wenn sie nämlich sagen werden: «Friede und Sicherheit», dann wird sie das Verderben plötzlich überfallen wie die Wehen eine schwangere Frau, und sie werden nicht entfliehen. Ihr aber, Brüder, seid nicht in der Finsternis, dass euch der Tag wie ein Dieb überfallen könnte; ihr alle seid Söhne des Lichts und Söhne des Tages. Wir gehören nicht der Nacht an noch der Finsternis. So lasst uns auch nicht schlafen wie die anderen, sondern lasst uns wachen und nüchtern sein! (1Thess 5,1-6).

Diese Bibelstelle führt zwei Gruppen von Menschen auf. Als Erstes haben wir die Menschen in der Finsternis, die schlafen und überrascht werden. Zweitens gibt es die Brüder und Schwestern als Kinder des Lichts und des Tages, die nicht überrascht werden. Ein kurzes Studium der griechischen Wörter zeigt den

Unterschied zwischen diesen beiden Gruppen sogar noch deutlicher.

Die für die Gruppe mit den wachen und nicht überraschten Menschen verwendeten Wörter sind *adelphoi* und *hyioi* (wörtl. «Brüder» und «Söhne»). Diese Personen (sowohl Männer als auch Frauen) gehören zur Familie Gottes.

Das für «anderen» («lasst uns auch nicht schlafen wie die anderen») benutzte griechische Wort lautet *loipoi* (wörtl. «der Rest, die Übrigen»). Das zum selben Wortstamm wie *loipoi* gehörende Verb heisst *leip*□ und bedeutet wörtlich «zurücklassen». Das unterstützt die Position der prätribulationistischen Entrückung. Wenn wir der Sache auf den Grund gehen, stellt sich heraus, dass es zwei unterschiedliche Gruppen gibt – die Brüder und Schwestern, die von der Drangsalszeit nicht überrascht werden (weil sie nicht mehr auf der Erde sind), und die Gruppe von zurückgelassenen Menschen, die überrascht werden.

#3 | Die Absichten der Drangsalszeit

Um die Welt zu richten

Obschon Gott überaus geduldig ist und alles Mögliche getan hat, um die Menschen zu erretten, muss er die Sünde irgendwann doch bestrafen. Die Heilige Schrift lehrt, dass dies gemeinschaftlich während der schrecklichen siebenjährigen Drangsalszeit (auch bekannt als Tag des Herrn, die Zeit der Drangsal Jakobs oder Daniels 70. Woche) und individuell beim letzten Gericht der Fall sein wird (auch bekannt als das Gericht vor dem grossen weissen Thron, Joh 5,28-29; Offb 20,11-15).

Die Drangsalszeit schliesst sich an die Zeit der Gemeinde an, wenn das Böse ein Mass erreicht hat, wo Gott es ein für alle Mal richten muss. Wir sollten festhalten, dass Gottes Zorn nie auf jene fällt, deren Sünde bereits gesühnt ist (Lk 21,34-36; 1Thess 5,9-10; Offb 3,10). Deshalb wird die Gemeinde (durch die Entrückung) *aus* (dt. Wort *vor*; gr. *ek*; siehe Offb 3,10) der Welt *herausgenommen*, bevor die Drangsalszeit beginnt.

Im Alten Testament finden wir zwei überzeugende Beispiele, die Gottes Gerichtsmuster verdeutlichen – die Flut zur Zeit Noahs und die Zerstörung Sodoms und Gomorras. In beiden Fällen waren Gewalttaten und Unmoral so stark angestiegen, dass als einzige Option das Gericht blieb. Beide Male nahm Gott die Gerechten weg, bevor es zum Gericht kam. In seiner Rede auf dem Ölberg nahm Jesus auf beide Gerichte Bezug (Mt 24,37-39; Lk 17,26-29) und sagte: «Gerade so wird es sein an dem Tag, da der Sohn des Menschen geoffenbart wird» (Lk 17,30).

Die Sünde wird ein solches Ausmass erreicht haben, dass sich viele Menschen in der zukünftigen Drangsalszeit selbst nach zwei schrecklichen Gerichtseinheiten nicht von ihrer Bosheit abwenden werden (Offb 9,20-21).

Um die Nationen zu richten

Nach dem Turmbau zu Babel, als Gott die Menschen auf der Erde zerstreute und Nationen bildete, wählte er Israel als sein Volk aus. Im abrahamitischen Bund (der in seinen Grundzügen in 1. Mose 12,2-3 zu finden ist) sagte Gott mit klaren Worten, dass er jene segnen werde, die Israel segnen, und verfluchen, die Israel verfluchen. In der Endzeit wird man sich bemühen (und ist bereits dabei), Israels Land zu verteilen, und die Nationen werden dafür und für ihre allgemeine Rebellion gegen Gott gerichtet (Joe 4,1-2; Sach 12,2-3).

Diese Entwicklung findet ihren Höhepunkt am Ende der Drangsalszeit, wenn *alle* Nationen der Welt zum Kampf gegen Israel zusammenkommen zum allgemein als Schlacht von Harmageddon bezeichneten Krieg (Offb 16,13-16).

Auf diese Szene treffen wir erneut in Offenbarung 19, wo wir die folgende anschauliche Beschreibung des letzten Zustands der Nationen lesen: «Und ich sah das Tier und die Könige der Erde und ihre Heere versammelt, um Krieg zu führen mit dem, der auf dem Pferd sitzt, und mit seinem Heer. ... Und die Übrigen wurden getötet mit dem Schwert dessen, der auf dem Pferd sitzt, das aus seinem Mund hervorgeht, und alle Vögel sättigten sich von ihrem Fleisch» (V. 19.21). Teile dieses zukünftigen Szenarios sehen wir in alttestamentlichen Stellen wie Psalm 110,6:

> Er wird Gericht halten unter den Heiden,
> es wird viele Leichen geben;
> er zerschmettert das Haupt über ein grosses Land.

Um den Teufel zu bestrafen

Eine andere wichtige Absicht der zukünftigen Drangsalszeit ist es, die Erde von ihrem gegenwärtigen unrechtmässigen Herrscher zurückzugewinnen. Durch den Sündenfall der Menschheit ist die Erde irgendwie unter die Herrschaft des Teufels geraten (2Kor 4,3-4). Interessanterweise zeigt die erste Gerichtseinheit in der Offenbarung, wie Jesus die Eigentumsurkunde der Erde öffnet, um sie zurückzufordern.

Gottes Bestimmungen und Grundsätze sehen aus irgendeinem Grund vor, dass der Teufel phasenweise bestraft wird, statt ihn augenblicklich zu richten. Das alles geschieht natürlich im Einklang mit Gottes absoluter Souveränität und vorherbestimmten Plänen.

Um das jüdische Volk zurückzugewinnen

Eine weitere Hauptabsicht der zukünftigen siebenjährigen Drangsalszeit ist, dass Gott sein auserwähltes Volk wieder für sich zurückgewinnt. Die Mehrheit des jüdischen Volkes wird Christus als Messias ablehnen und einen zukünftigen falschen Messias (den Antichristen) willkommen heissen, weil man in ihm den lang erwarteten politischen Retter sieht. Zur Mitte der Drangsalszeit wird sich dieser falsche Messias gegen das jüdische Volk wenden und dessen vollständige Auslöschung anstreben. Dieser Versuch wird beinahe gelingen. Nur ein auf übernatürliche Weise beschützter Überrest des jüdischen Volkes wird am Leben bleiben und Jesus um Rettung anrufen. Davon lesen wir in Matthäus 24 und Offenbarung 12.

#4 Welche Ereignisse finden in der Übergangszeit statt?

Da die Drangsalszeit offiziell erst mit dem Abkommen zwischen Israel und dem Antichristen beginnt (Dan 9,27), muss zwischen dieser und der Entrückung zwangsläufig eine Übergangsphase liegen. Wahrscheinlich werden es nur wenige Wochen oder Monate sein (obschon die Schrift keine genauen Zeitangaben enthält). In dieser kurzen Übergangsphase zwischen der Entrückung und dem Beginn der Drangsalszeit werden ein paar Ereignisse stattfinden.

4 HAUPTEREIGNISSE IN DER ÜBERGANGSZEIT

- WIRTSCHAFTLICHER UND GESELLSCHAFTLICHER ZUSAMMENBRUCH
- GLOBALISIERUNG AUF DEM HÖHEPUNKT
- KRIEG IN HESEKIEL 38
- AUFSTIEG DES ANTICHRISTEN

Wirtschaftlicher und gesellschaftlicher Zusammenbruch

Nach der Entrückung wird die Welt augenblicklich im Chaos versinken, wenn plötzlich führerlose Flugzeuge, Züge und Autos verunglücken und Millionen von Menschen vermisst werden. Ohne den zurückhaltenden Einfluss des Heiligen Geistes und die nun entrückte Gemeinde wird das Böse von den lang erwarteten Verhältnissen profitieren. Als Folge der Entrückung und anderer Ereignisse wird zudem die Weltwirtschaft zusammenbrechen.

Globalisierung auf dem Höhepunkt

Aus diesem Chaos tauchen die von langer Hand geplante Weltregierung und ein bargeldloses Finanzsystem auf – zwei Bedingungen, die vorausgesagt wurden und die für die Ereignisse der Drangsalszeit erforderlich sind.

Der Krieg in Hesekiel 38

Das könnte auch ein günstiger Augenblick für Russland, den Iran und die Türkei sein, um den in Hesekiel 38 prophezeiten Krieg gegen Israel zu führen. Ausser der Tatsache, dass dieser Krieg in den letzten Tagen stattfinden wird, wenn die wiedergegründete Nation Israel in Sicherheit wohnt, erfahren wir nichts über den genauen Zeitpunkt. Weil die Entrückung Chaos, Instabilität und ein Machtvakuum hervorruft, werden verschiedene böse globale Führungspersonen versuchen, diese einmalige Gelegenheit zum Ausbau ihrer Macht zu nutzen. So, wie Randalierer unbewachte Läden plündern, werden sich auch hemmungslose böse Führer bemühen, vom gesetzlosen Chaos zu profitieren, um ihre langgehegten Pläne für die Weltherrschaft zu verwirklichen.

Der Aufstieg des Antichristen

Die nach der Entrückung entstandene Weltregierung wird den als Antichrist bekannten bösen Weltherrscher der Endzeit hervorbringen. Die Schrift lehrt, dass diese böse Person aus einer Gruppe von zehn Führern hervorgehen wird. Seine militärische Macht wird so gross sein, wie die Welt sie noch nie zuvor gesehen hat. Dieser charismatische zukünftige Weltführer wird der Welt Frieden versprechen, stellt sich dann aber als der furchtbarste Weltherrscher in der Geschichte heraus. (Weitere Informationen s. Kap. 7, «Der Antichrist».)

#5 | Wer sind die Hauptfiguren?

Gog

Hesekiel 38–39 berichtet ausführlich von einem zukünftigen Endzeitkrieg gegen Israel, angeführt von einer Koalition aus Nationen, die nicht an das Land Israel angrenzen. Dieser zukünftige von Russland, dem Iran und der Türkei angeführte Angriff (dem sich auch weitere Nationen wie Libyen und der Sudan anschliessen) erfolgt von der Nordgrenze Israels (d. h. von Syrien) aus. Gog ist der Name des russischen Anführers und bezeichnet einen Titel wie Zar oder König. Manche Prophetie-Experten sprechen auch davon, dass Gog der Name eines Dämons sein könnte, der hinter dem russischen Führer steht. Im Bericht in Hesekiel wird Gog als die wichtigste Führungsperson gesehen – eine Art Beschützer der anderen Teilnehmer. Sein Hauptmotiv ist, Beute in Israel zu machen (Gas, Öl und andere Bodenschätze) zu einer Zeit, in der das Land verwundbar erscheint (höchstwahrscheinlich direkt nach der Entrückung).

Antichrist

Das *anti* in Antichrist hat eine doppelte Bedeutung. Es kann sowohl «an Stelle von» als auch «gegen» bedeuten. Der Antichrist wird somit ein falscher Messias sein, der sich dem wahren Messias, Jesus Christus, entgegenstellt. Dieser böse endzeitliche

Herrscher wird aus dem nach der Entrückung entstandenen Chaos hervorgehen (höchstwahrscheinlich aus Westeuropa; vgl. Dan 9,26). Anschliessend wird er einen Bund mit Israel schliessen (Dan 9,27). Nachdem die Tinte getrocknet ist, beginnt offiziell die sieben Jahre dauernde Drangsalszeit. Zur Mitte der Drangsalszeit wird er vom Teufel besessen werden, seinen Bund mit Israel brechen und sich gegen das jüdische Volk wenden. Das führt dann zu einem zweiten (und noch viel schlimmeren) Holocaust. Er und der falsche Prophet werden das Malzeichen des Tieres einführen und jeden enthaupten, der sich widersetzt. Am Ende der Drangsalszeit wird Christus ihn besiegen – und lebendig in den Feuersee werfen.

Falscher Prophet

Dem falschen Propheten fällt die Rolle zu, die Aufmerksamkeit auf den Antichristen zu lenken, so, wie der Heilige Geist die Menschen auf Jesus hinweist. Der Antichrist, der falsche Prophet und der Teufel bilden eine Art falsche Dreieinheit. Offenbarung 13,11 stellt diese Figur mit zwei Hörnern dar wie ein Lamm, aber mit der Stimme eines Drachen. Er wird eine scheinbar sanfte religiöse Gestalt sein, aus deren Mund aber teuflische Lügen kommen. Nach der Entrückung wird der falsche Prophet alle Weltreligionen zu einer verschmelzen. Zur Mitte der Drangsalszeit wird er das Zeichen des Tieres und die Anbetung des Antichristen durchsetzen.

Die 144 000

Diese grosse Gruppe jüdischer Zeugen wird irgendwann in der ersten Hälfte der Drangsalszeit auftreten. Zuerst erfahren wir von ihnen in Offenbarung 7,4. Gott wird 12 000 aus jedem Stamm auserwählen und sie für einen besonderen Zeugnisdienst versiegeln. Sie sind die Erstlinge (Offb 14,4) des jüdischen Volkes, die Christus in der Drangsalszeit annehmen werden. Ihr kraftvoller Dienst wird dazu beitragen, dass nach der Entrückung Millionen (vielleicht sogar Milliarden) von Menschen zu Christus finden (Offb 7,9). Offenbarung 14,1-5 sagt, dass sie zusammen mit Christus auf dem Berg Zion stehen und ein neues Lied singen, welches nur sie kennen. Das könnte bedeuten, dass sie den Märtyrertod sterben werden, oder es könnte auch einfach nur ein Vorausblick auf das Ende der Drangsalszeit sein.

Die zwei Zeugen

Die zwei Zeugen werden irgendwann nach der Entrückung, aber noch vor dem Beginn der Drangsalszeit auftreten. Sie werden 1260 Tage lang prophezeien, was dreieinhalb Jahren entspricht (unter Verwendung des 360-Tage-Modells Israels). Uns wird mitgeteilt, dass Feuer aus ihrem Mund kommt und sie Menschen vernichten können, die ihnen schaden wollen. Sie werden in der Lage sein, den Regen zurückzuhalten, Wasser in Blut zu verwandeln und «die Erde zu schlagen mit jeder Plage, sooft sie wollen» (Offb 11,6). In den ersten dreieinhalb Jahren der Drangsalszeit werden diese endzeitlichen Superhelden die Aufmerksamkeit der Welt zweifellos auf sich ziehen.

Zur Mitte der Drangsalszeit werden sie zur Überraschung und Freude aller vom Antichristen getötet (der hier als das Tier bezeichnet wird). Die Welt wird ihren Tod feiern (Offb 11,9-10), aber sie wird sich zu früh freuen. Nach dreieinhalb Tagen werden die beiden Zeugen auferstehen und vor den Augen der Welt entrückt.

Höchstwahrscheinlich werden diese beiden Zeugen Mose und Elia sein, obgleich es noch andere beliebte Kandidaten gibt wie Henoch und den Apostel Johannes. Mose und Elia repräsentieren traditionell das Gesetz und die Propheten. Sie waren auch diejenigen, die in Matthäus 17 auftraten, als Jesus in Anwesenheit von Petrus, Jakobus und Johannes vorübergehend verklärt wurde. Die Wunder, die die beiden Zeugen wirken werden, spiegeln die von Mose und Elia wider.

Auch Mose und Elia traten beide auf einzigartige Weise ab. Als Mose starb, wurde er unter mysteriösen Umständen von Gott selbst beerdigt (5Mo 34), und der Teufel versuchte, seinen Leichnam wegzunehmen (Jud 1,9). Elia fuhr in einem feurigen Wagen im Sturmwind auf gen Himmel, ohne zu sterben (2Kö 2,11-12). Man könnte auch das Argument anführen: Dass Mose starb und Elia weggenommen wurde, ohne zu sterben, macht deutlich, dass das Gesetz erfüllt oder abgeschlossen wurde, die Prophetie aber noch nicht vollständig erfüllt wurde.

#6 | Womit beginnt die Drangsalszeit?

Obschon viele die Entrückung für das Ereignis halten, mit dem die Drangsalszeit beginnt, ist es doch der Bund zwischen Israel und dem Antichristen, der die Drangsalszeit offiziell eröffnet. In Daniel 9,27 lesen wir: «Und er wird mit den Vielen einen festen Bund schliessen eine Woche lang; und in der Mitte der Woche wird er Schlacht- und Speisopfer aufhören lassen, und neben dem Flügel werden Gräuel der Verwüstung aufgestellt, und zwar bis die fest beschlossene Vernichtung sich über den Verwüster ergiesst.»

Darüber hinaus sagt Offenbarung 6,1-2: «Und ich sah, wie das Lamm eines von den Siegeln öffnete, und ich hörte eines von den vier lebendigen Wesen wie mit Donnerstimme sagen: Komm und sieh! Und ich sah, und siehe, ein weisses Pferd, und der darauf sass, hatte einen Bogen; und es wurde ihm eine Krone gegeben, und er zog aus als ein Sieger und um zu siegen.»

Aufgrund von Daniel 2 und 7 sowie Offenbarung 13 und 17 erkennen wir, dass der Reiter auf dem weissen Pferd niemand anderes ist als der Antichrist. Dieser böse endzeitliche Herrscher wird ein falscher Messias sein, der die Bühne nach der Entrückung betritt. Das Ereignis, das die Drangsalszeit offiziell einläuten (und den Antichristen klar identifizieren) wird, ist ein Vertragsabschluss mit Israel durch diesen neuen, scheinbar friedliebenden Herrscher. Er wird aus einem Zehn-Staaten-Bund auf dem Gebiet hervorgehen, das einst Teil des alten Römischen Reiches war (s. Dan 2,42; 7,24; Offb 13,1-2).

Ist die Tinte auf dem Vertragspapier erst einmal getrocknet, beginnen Daniels 70. Woche (Dan 9,27) und der sieben Jahre andauernde Countdown bis zur Rückkehr Christi, nach welchem er sein Tausendjähriges Reich aufrichten wird.

#7 | Was sind die Siegelgerichte?

Die Siegelgerichte werden die erste Einheit mit sieben (von insgesamt 21) Gerichten sein, die in der zukünftigen Drangsalszeit über die Erde kommen werden. Die ersten vier Siegelgerichte bestehen aus den bekannten vier Reitern der Apokalypse.

DIE SIEGELGERICHTE

1. WEISSES PFERD
2. ROTES PFERD
3. SCHWARZES PFERD
4. FAHLES PFERD
5. MÄRTYRER
6. ERDBEBEN
7. AUFTAKT

1. Siegelgericht: Der Reiter auf dem weissen Pferd (Offb 6,1-2)

Dieser böse endzeitliche Herrscher wird ein falscher Messias sein, der die Bühne nach der Entrückung betritt. Er wird aus einem Zehn-Staaten-Bund auf dem Gebiet hervorgehen, das einst zum alten Römischen Reich gehörte (s. Dan 2,42; 7,24; Offb 13,1-2), und mit Israel einen Bund schliessen, mit dem die Drangsalszeit anfängt.

2. Siegelgericht: Das rote Pferd (Offb 6,3-4)

Beim Brechen des zweiten Siegels wird der Frieden von der Erde genommen. Das könnte bedeuten, dass die vielen regionalen Konflikte und Kriegsbedrohungen, die heute unter der Oberfläche schwelen, schliesslich in einen grossen globalen Krieg ausbrechen. Oder auch, dass der Antichrist (in seinem Streben nach Weltherrschaft) den Frieden von der Erde nimmt, indem er die Unwilligen mit seiner militärischen Stärke zu besiegen beginnt.

3. Siegelgericht: Das schwarze Pferd (Offb 6,5-6)

Die logische Folge eines Weltkriegs sind Hungersnöte. Wenn die Lebensmittelverteilung zusammenbricht, Städte aufgrund von Unruhen abgesperrt sind, elektrische Systeme versagen und Ernten und Fabriken durch Krieg zerstört werden – die schlimmste Hungersnot, die die Welt je gesehen hat –, wird das zum Tod einer Unmenge von Menschen führen.

4. Siegelgericht: Das fahle Pferd (Offb 6,7-8)

Das vierte Siegel führt das fahle Pferd des Todes ein. Die aus den ersten drei Siegeln entstandenen Verhältnisse führen zu einem Massensterben, da Krieg, Hungersnot, Seuchen und «die wilden Tiere der Erde» ein Viertel der Weltbevölkerung töten werden.

5. Siegelgericht: Märtyrer (Offb 6,9-11)

Infolge der Entrückung wird es die grösste Erweckung in der Geschichte geben. Auf der Suche nach Antworten werden die

Menschen die Bibel und andere christliche Quellen entdecken und vom Dienst der 144 000 und der zwei Zeugen profitieren. Aber die globale Agenda der Elite und der Antichrist werden nicht aufzuhalten sein, und die Gläubigen in Christus werden verfolgt und den Märtyrertod sterben.

6. Siegelgericht: Weltweites Erdbeben (Offb 6,12-17)

Das sechste Siegelgericht wird die Welt buchstäblich in ihren Angeln erschüttern. Während dieses Gerichts werden viele Verwerfungslinien der Erde aufbrechen, und ein weltweites Erdbeben wird Vulkanausbrüche nach sich ziehen. Die weltweiten Eruptionen werden den Himmel verdunkeln. Gleichzeitig wird es einen gewaltigen Meteor- oder Asteroidenschauer geben.

7. Siegelgericht: Auftakt zur nächsten Einheit von Gerichten

Nach der Versiegelung der 144 000 in Offenbarung 7 beschreibt Johannes das Brechen des siebten und letzten Siegels in Kapitel 8. Das letzte Siegelgericht bringt eine dramatische Unterbrechung, worauf die nächsten globalen Katastrophen folgen, bekannt als Posaunengerichte. Festzuhalten ist, dass das jeweils siebte Gericht bei jeder aus sieben Gerichten bestehenden Einheit (Siegel, Posaunen, Schalen) die nächste Gerichtsphase eröffnet und eine Ankündigung enthält (oder eine seltsame Stille wie im Fall des siebten Siegels) sowie Blitze und Donner, etwas, das aus dem Himmel fällt, und zunehmend zerstörerische Erdbeben.

#8 | Was sind die Posaunengerichte?

Die zweite Einheit mit Gerichten in der zukünftigen Drangsalszeit ist als «Posaunengerichte» bekannt.

1. Posaunengericht: Hagel, Feuer und Blut vom Himmel

Beim ersten Posaunengericht sehen wir, dass ein Drittel der Wälder und der Vegetation und alles Gras auf der Erde vernichtet wird. Die Erde wird versengt werden.

2. Posaunengericht: Ein brennender «Berg» landet im Meer

Laut Johannes tritt beim zweiten Posaunengericht etwas auf «wie ein grosser, mit Feuer brennender Berg» (Offb 8,8), der ins Meer geworfen wird. Ein aus dem Himmel kommendes Objekt landet im Meer, und die Verwüstung und die entstehenden Tsunamis werden ein Drittel des Lebens im Ozean und ein Drittel der Schiffe auf dem Meer vernichten.

3. Posaunengericht: Ein grosser herabfallender Stern vergiftet die Wasserquellen

Die dritte Posaune bringt ein weiteres vom Himmel fallendes Objekt mit sich, dieses Mal kleiner als beim vorangegangenen Gericht, aber ebenso zerstörerisch. Johannes zufolge trägt es den Namen Wermut. Wir können nur spekulieren, aber Wermut könnte entweder eine Atomwaffe oder ein grosser Meteor oder

Asteroid sein. Auf jeden Fall wird er ein Drittel der Wasservorräte auf der Welt vergiften.

4. Posaunengericht: Sonne, Mond und Sterne werden zu einem Drittel verdunkelt

Die logische Folge eines feurigen Meteorregens, eines riesigen Asteroiden oder von Atomwaffen, die auf der Erde einschlagen, wäre eine teilweise Verdunkelung. Während Rauch und Zerstörung in der Luft hängen, werden die von Gott geschaffenen Himmelslichter auf zwei Drittel ihrer normalen Strahlkraft reduziert.

5. Posaunengericht: Ein herabfallender «Stern» öffnet den Abgrund (das erste Wehe)

Bei den letzten drei Posaunengerichten – auch die drei Wehe genannt – sehen wir, dass die Gerichte eine neue übernatürliche Dimension erhalten. Die ersten elf Verse von Offenbarung 9 beschreiben einen weiteren herabgefallenen Stern. Im Gegensatz zu den bisherigen Objekten wird diesem eine Persönlichkeit zugedacht. Er bekommt einen Schlüssel und wird in Vers 2 mit dem Personalpronomen «er» bezeichnet. Dieser «Stern» könnte der Teufel selbst sein, der endlich aus dem Himmel geworfen wurde. Möglicherweise ist das der Augenblick, über den Jesaja 14,12 sagte:

> Wie bist du vom Himmel herabgefallen,
> du Glanzstern, Sohn der Morgenröte!
> Wie bist du zu Boden geschmettert,
> du Überwältiger der Nationen!

«Ihm wurde der Schlüssel zum Schlund des Abgrunds gegeben» (Offb 9,1; s. auch Lk 8,30-31; 2Petr 2,4; Jud 1,5-7). Ob dieser

Abgrund ein physischer Ort unterhalb der Erdkruste ist oder im Bereich des Unsichtbaren liegt, ist nicht klar, auf jeden Fall wird der Schlüssel ihn öffnen und dicken, den Himmel verfinsternden Rauch und eine Horde dämonischer «Heuschrecken» freigeben. Angeführt werden sie von einem gefallenen Engel mit dem Namen Verderber (hebr. Abaddon; gr. Apollyon). Vielleicht ist das der Teufel, der «gefallene Stern», dem die Fähigkeit verliehen wurde, den im ersten Vers von Offenbarung 9 beschriebenen Abgrund aufzuschliessen. Auch in Joel 2,1-11 kommen diese schrecklichen Wesen vor. Sie werden die Erde in der Drangsalszeit heimsuchen – Joel und die anderen alttestamentlichen Propheten nennen diese Zeit den «Tag des HERRN» (2,1.11; 3,4).

6. Posaunengericht: Vier mörderische Engel und eine aus 200 Millionen Dämonen bestehende Armee (das zweite Wehe)

Zurzeit sind einige gefallene Engel in Ketten gebunden (nachzulesen im Judasbrief und in ein paar anderen Bibelstellen), aufgespart für einen bestimmten Tag und eine spezielle Absicht. In Offenbarung 9,13 und den folgenden Versen spricht Johannes von vier derartigen Engeln, die am Euphrat gebunden sind. Diese vier gefallenen Engel werden eine 200 Millionen Dämonen umfassende Horde anführen, um ein Drittel der zu diesem Zeitpunkt auf der Erde lebenden Menschen zu töten.

7. Posaunengericht: Auftakt zur letzten Einheit mit Gerichten (das dritte Wehe)

Mit dem letzten Posaunengericht (Offb 11) beschreibt Johannes die Endgültigkeit, die die abschliessenden, vom siebten Posaunengericht ausgelösten Schalengerichte mit sich bringen. Mit anderen Worten, die Hauptabsicht der siebten Posaune ist es, die letzte Phase der Drangsalszeit einzuleiten, charakterisiert durch die sieben Schalengerichte.

#9 | Was sind die Schalengerichte?

Die ersten beiden Einheiten mit Gerichten werden zur Mitte der Drangsalszeit ihren Höhepunkt erreichen, wenn mehrere wichtige Ereignisse vor der letzten Einheit mit sieben Gerichten stattfinden. Hier ist eine Liste der zehn wichtigsten Ereignisse zur Mitte der Drangsalszeit.

DIE 10 WICHTIGSTEN EREIGNISSE ZUR MITTE DER DRANGSALSZEIT

1. DER ANTICHRIST WIRD GETÖTET
2. DER TEUFEL WIRD AUF DIE ERDE GEWORFEN
3. «AUFERSTEHUNG» DES ANTICHRISTEN
4. DAS RELIGIÖSE BABYLON WIRD ZERSTÖRT
5. DER GRÄUEL DER VERWÜSTUNG
6. DER BUND WIRD GEBROCHEN
7. WELTWEITE JUDENVERFOLGUNG
8. DAS ZEICHEN DES TIERES WIRD EINGEFÜHRT
9. ANBETUNG DES ANTICHRISTEN
10. TÖTUNG DER ZWEI ZEUGEN

Die drei in der Offenbarung beschriebenen Einheiten mit Gerichten nehmen an Intensität immer weiter zu. In Offenbarung 16 sind sie dann auf ihrem absoluten Höhepunkt angekommen. In den vorangegangenen Gerichten hielt Gott sich noch zurück und liess es beispielsweise zu, dass nur ein Drittel der Bäume zerstört oder ein Drittel der Sonne verdunkelt wurde. Johannes' Bericht über die letzten Schalengerichte kennt jedoch keine Zurückhaltung.

1. Schalengericht: Geschwüre

Das erste Schalengericht führt zu bösen und schmerzhaften Geschwüren an den Menschen, die das Malzeichen des Tieres annehmen. Das könnte durchaus auch auf fehlgeschlagene DNA-Manipulationen hinweisen, eine Art nicht richtig funktionierender technischer Vergiftung. In der Heiligen Schrift wird uns der Grund für die Geschwüre nicht genannt, aber es scheint logisch, dass sie in Zusammenhang mit dem angenommenen Zeichen stehen.

2. Schalengericht: Das Meer wird zu Blut

Das zweite Schalengericht verwandelt alle Ozeane zu Blut und tötet alle Lebewesen darin. Können Sie sich vorstellen, wie der Gestank den ganzen Globus erfassen wird?! Wir wissen nicht, ob es tatsächlich Blut sein wird oder das Phänomen, das heute als «rote Flut» bekannt ist, bei dem sich winzige Mikroorganismen rasch vermehren, das Wasser rot färben und seinen Sauerstoffgehalt verringern – was ein massives Absterben des ozeanischen Lebens zur Folge hat. Interessanterweise hat das Auftreten der «roten Flut» in den letzten Jahren deutlich zugenommen.

3. Schalengericht: Frischwasser wird zu Blut

Das dritte Schalengericht wird denselben Effekt auf Flüsse und Wasserquellen haben, sodass jede grössere Wasseransammlung auf der Erde vergiftet sein wird. Dieses Gericht erinnert an eines der Gerichte, die Mose über das alte Ägypten kommen liess.

4. Schalengericht: Glühende Hitze

Das vierte Schalengericht scheint einen gewaltigen Zusammenbruch der Erdatmosphäre oder schwere Eruptionen auf der Sonnenoberfläche zu beinhalten. Die Menschen werden «versengt von grosser Hitze» (Offb 16,9). Dennoch werden sie sich weigern, Busse zu tun und Gott zu verherrlichen.

5. Schalengericht: Finsternis

Das fünfte Schalengericht wird das Reich des Tieres in Finsternis tauchen. Auch hier finden wir eine Parallele zu einem Gericht, das Mose über das alte Ägypten brachte, als der Pharao die Israeliten nicht gehen lassen wollte. Die Menschen werden in ihrer Rebellion gegen Gott noch einen Schritt weiter gehen und ihn lästern.

6. Schalengericht: Der Euphrat trocknet aus

Das sechste Schalengericht wird den Euphrat austrocknen, «damit den Königen vom Aufgang der Sonne der Weg bereitet würde» (Offb 16,12). Das werden riesige Armeen aus Asien sein, die sich an der letzten unter Punkt 10 beschriebenen Schlacht in der Endzeit beteiligen werden.

7. Schalengericht: Das ultimative Erdbeben

Das siebte Schalengericht beinhaltet das verheerendste Erdbeben, das die Welt jemals gesehen hat. Das in der ersten Hälfte der Drangsalszeit auftretende Erdbeben rückt Berge und Inseln von der Stelle, was eine mögliche Pol- oder Krustenverschiebung andeutet. Das letzte Erdbeben in der Drangsalszeit wird ganze Städte zum Einsturz bringen, Jerusalem in drei Teile zerreissen und jede Insel und jeden Berg verschwinden lassen. Und als wäre das nicht schon schlimm genug, werden auch fünfzig Kilo schwere Hagelkörner auf die Armeen niederfallen, die sich zum Kampf gegen Gott versammelt haben.

#10 | Was ist die Schlacht von Harmageddon?

Im Vorfeld des Militärfeldzugs von Harmageddon beschreibt Daniel 11,40-45 einen militärischen Konflikt im Nahen Osten, der gegen Ende der Drangsalszeit auftreten wird. Nach den wichtigen Ereignissen zur Mitte der Drangsalszeit (die wir im vorangegangenen Abschnitt behandelt haben) wird der Antichrist das jüdische Volk und die neu bekehrten Gläubigen mit äusserster Brutalität verfolgen (Offb 12,13-16; 13,7). Gleichzeitig versuchen sich anscheinend einige Nationen der Welt gegen die globale Herrschaft des Antichristen zu wehren.

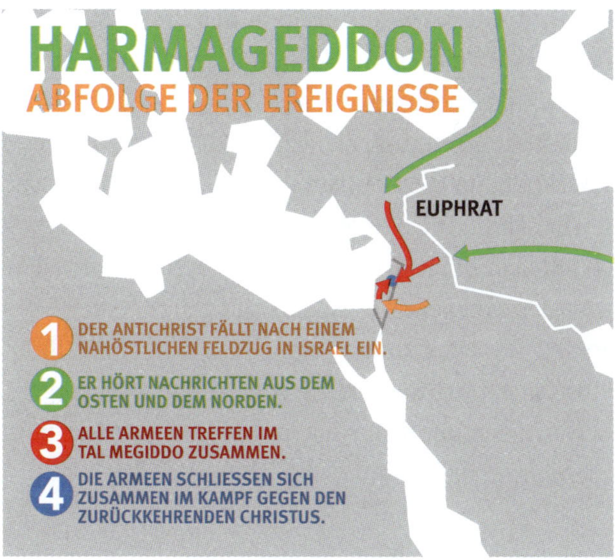

Nach einem erfolgreichen Militärfeldzug im Nahen Osten werden dem Antichristen beim Eintritt in das Land Israel alarmierende Nachrichten aus dem Osten und dem Norden zu Ohren kommen. Das könnte bedeuten, dass Russland genug Militär versammelt hat, um einen Angriff zu starten (nachdem es circa sieben Jahre zuvor bei der Niederlage in Hesekiel 38 deutlich dezimiert wurde). Zur gleichen Zeit werden die Armeen der Könige vom Aufgang der Sonne (s. Offb 16,12) den Euphrat überqueren, um sich dem Antichristen entgegenzustellen. Das perfekte Zusammentreffen der Umstände wird alle diese Armeen auf dem berühmtesten aller Schlachtfelder der Welt versammeln – im Tal Megiddo, besser bekannt als Harmageddon.

Wenn alle in Daniel 11 erwähnten Armeen auf der Bühne erscheinen, wird ihre Aufmerksamkeit plötzlich auf einen weitaus grösseren Feind gerichtet – Jesus Christus. In Matthäus 24,30 steht, wenn der Herr am Ende der Drangsalszeit zurückkehrt, «dann wird das Zeichen des Menschensohnes am Himmel erscheinen, und dann werden sich alle Geschlechter der Erde an die Brust schlagen, und sie werden den Sohn des Menschen kommen sehen auf den Wolken des Himmels mit grosser Kraft und Herrlichkeit». Die Armeen werden dieses Zeichen offenbar sehen (vielleicht durchdringt Gottes Schechina-Herrlichkeit die Finsternis des weltweiten Gerichts) und ganz genau wissen, was es bedeutet. Der Herr kommt, um sie zu richten. In ihrer völligen Selbsttäuschung werden die vom Antichristen angeführten gottlosen Armeen denken, sie könnten ihre Kräfte miteinander verbinden, um so gegen den Sohn Gottes zu bestehen.

KAPITEL 7

Der Antichrist

#1 | Ist der Antichrist eine reale Person?

Einige Bibelausleger haben spekuliert, dass der Antichrist gar keine konkrete Person sei, sondern eher ein Symbol für ein weltweites Regierungssystem in der Endzeit. Andere meinen, das Wort stehe für ein geheimes Komitee eines «Deep State» oder sogar für eine futuristische künstliche Intelligenz. Manche bevorzugen sogar einen noch abstrakteren Ansatz und glauben, der Begriff *Antichrist* sei nur eine Metapher für das Prinzip des Bösen an sich. Sie meinen, der Ausdruck «der *Geist* des Antichristen» (1Joh 4,3) zeige, dass er keine Person, sondern vielmehr eine metaphysische Realität sei.

Im Gegensatz zu diesen Sichtweisen glauben wir, dass der Antichrist ein realer Mensch ist, der in den letzten Tagen der Menschheitsgeschichte am Horizont auftauchen wird. Wie aber kommen wir zu dieser Schlussfolgerung? Vergessen Sie nicht, dass Ihre Bibelauslegung immer von der Methode bestimmt wird, die Sie dabei anwenden. Wenn Sie an die Schrift auf symbolische, nicht wörtliche Weise herangehen, öffnen Sie sich für eine Vielzahl von Auslegungen für jede Stelle. Das wird nirgendwo deutlicher und gefährlicher als bei der Auslegung der biblischen Prophetie. Im Buch der Offenbarung lassen sich nicht nur viele Beschreibungen von realen Ereignissen, Personen und Orten finden, sondern auch eine Menge Symbole. Zum Glück erklärt uns Johannes die Bedeutung vieler dieser Symbole und Bilder (Offb 11,8; 12,1-2.5-6.14; 17,1-7.12.18). Wie aber bereits gesagt, ist die sicherste und verlässlichste Methode der Schriftauslegung das wörtliche Verständnis der Bibel. Der offensichtliche Sinn einer Stelle, eines Satzes oder Wortes gibt höchstwahrscheinlich die ursprüngliche Absicht des Autors wieder.

Wenn wir das berücksichtigen, erkennen wir, dass der Antichrist in den Johannesbriefen fünf Mal ausdrücklich mit diesem Titel bezeichnet wird (1Joh 2,18 [zweimal].22; 4,3; 2Joh 1,7). Auch werden männliche Pronomen für ihn verwendet: König, Fürst (Dan 8,23; 9,26), Mensch und Sohn (2Thess 2,3-4). Ausserdem stellen die folgenden biblischen Figuren den Antichristen allesamt als reale Person dar: Daniel (Dan 7,8.20.24-25; 8,25; 9,27; 11,21.24.31.36-37), Sacharja (11,15-17), Paulus (2Thess 2,3-4.8-9), Johannes (s. oben), Jesus (Mt 24,15.24) und der Engel in der Offenbarung (Offb 17,7). Des Weiteren sagt uns Johannes deutlich, dass das Zeichen des Tieres die Zahl eines *Menschen* ist (Offb 13,18).

Und wäre der Antichrist keine reale Person, wie könnten wir uns dann sicher sein, dass die anderen Ereignisse oder Menschen im Buch der Offenbarung echt sind? Das würde die Offenbarung für unbegrenzte Auslegungen zugänglich machen. Das sind die Gründe, weshalb wir glauben, dass der Antichrist ein realer Mensch aus Fleisch und Blut ist.

Der Antichrist ist ein realer Mensch, der in den letzten Tagen der Menschheitsgeschichte erscheinen wird.

#2 | Wann und wie wird er offenbart?

Der Zeitpunkt, wann der Antichrist auftreten wird, ist entscheidend, und der Schrift zufolge müssen ihm noch weitere erfüllte Prophezeiungen vorausgehen. Damit der Antichrist die Prophezeiung in Daniel 9,27 erfüllen kann (die Unterzeichnung eines Friedensvertrags mit Israel), muss Israel wieder eine Nation sein und im eigenen Land leben (Hes 36–37; Jes 66,8-9; Jer 16,14-15; 31,3-9). Das ereignete sich offiziell am 14. Mai 1948. Seit dieser Zeit sind Juden aus aller Welt unaufhaltsam zurück nach Israel geströmt. Heute leben mehr Juden im Heiligen Land als an jedem anderen Ort auf der Erde.

Zweitens sagt uns der Apostel Paulus, dass der Antichrist erst offenbart werden kann, wenn «der, welcher jetzt zurückhält», aus dem Weg ist (2Thess 2,6-8). Auch wenn einige vermutet haben, dass damit eine Regierung gemeint ist, ergibt es mehr Sinn, darin den Heiligen Geist zu sehen. Während der Drangsalszeit wird es auf der Erde keinen mächtigeren Mann geben als den, der vom Teufel besessen wird. Deshalb können der Antichrist und sein böser Plan nur von einer geistlichen Kraft zurückgehalten werden, die *grösser* ist als der Teufel.

Und was könnte die Ursache sein, dass der zurückhaltende Einfluss des Heiligen Geistes von der Erde genommen wird? Die Entrückung bietet sich als beste Erklärung dafür an, da jeder Christ auf der Welt in den Himmel geholt wird. Dann wird niemand mehr da sein, der sich für Gerechtigkeit einsetzt. Aus diesem Grund ist in Vers 7 vom «Geheimnis der Gesetzlosigkeit» die Rede, was sich darauf bezieht, dass der Antichrist Gottes moralische Massstäbe offen missachtet. Der vom Teufel angetriebene Antichrist ist wie ein Pferd im Gatter, darauf wartend, dass er die Szene betreten und losgaloppieren kann – mit dem Versprechen auf Frieden und Sicherheit (1Thess 5,3; Offb 6,1-2).

Das weltweite Chaos, das die Entrückung mit sich bringt, wird zu einer riesigen Leere und Panik in jedem Bereich führen. Ganze Länder werden in sich zusammenbrechen und die Weltwirtschaft in einen dunklen Abgrund stossen. In allen Gesellschaftsbereichen werden Verwirrung und Aufruhr herrschen: wirtschaftlich, sozial, militärisch, politisch, medizinisch und moralisch. In diese Krise hinein tritt der Mann, den der Teufel persönlich ausgesucht und für diesen Moment vorbereitet hat. Historisch gesehen haben die Menschen immer wieder das Versprechen auf Hoffnung und Veränderung akzeptiert, um Verzweiflung und emotionale Finsternis hinter sich zu lassen. Und diese nach der Entrückung auftretende Krise wird sein wie keine andere in der Menschheitsgeschichte. Je grösser die Not, desto grösser wird auch das Image und Ego dieses falschen Messias sein. Als weltgrösster Opportunist wird er Milliarden von Menschen umwerben, überreden und täuschen, damit sie ihn als den Mann der Stunde akzeptieren (2Thess 2,8-12).

#3 Wird der Antichrist ein Jude, Heide oder Muslim sein?

In Offenbarung 13 erfahren wir, dass der Antichrist (oder das «Tier», gr. *th□rion*, was «wildes Tier» bedeutet und 36-mal für den Antichristen benutzt wird) «aus dem Meer ... aufsteigen» wird. Anschliessend beschreibt die Stelle, wie er in einem Zehn-Staaten-Bund zur Macht aufsteigt. Die Kernaussage hier ist aber, dass er «aus dem Meer ... aufsteigen» wird. Worauf spielt Johannes an? Ein Vergleich mit Offenbarung 17,15 ist hilfreich, wo der Engel Johannes mitteilt: «Die Wasser, die du gesehen hast, wo die Hure sitzt, sind Völker und Scharen und Nationen und Sprachen.» Somit bezieht sich das «Meer» wahrscheinlich auf die heidnischen Nationen. Ein weiterer Hinweis, dass der Antichrist ein Heide ist, findet sich in Daniel 11,37, wo wir lesen, dass er sich nicht «um die Götter seiner Väter kümmern» wird (Schlachter 1951; vgl. auch Luther 1912 und 1984, Menge-Bibel). Da das Wort im Plural steht («Götter» – *elohim*), ist das vermutlich kein Hinweis auf Judentum oder Islam, beides monotheistische Religionen.

Historisch gesehen werden Charakter und Handeln des Antichristen am deutlichsten von Antiochus Epiphanes vorgeschattet, einem Heiden, der von 175 bis 164 v. Chr. über das Seleukidenreich herrschte. Als er in Jerusalem einmarschierte, beging er im jüdischen Tempel eine Gräueltat. Er schlachtete ein Schwein im Allerheiligsten und stellte ein Bild von sich selbst auf. Wir wissen, dass Antiochus' Gräueltat *nicht* die vollständige Erfüllung von Daniel 9,27 ist, da Jesus prophezeite, dass diese Stelle bei einem *zukünftigen* Ereignis erfüllt wird (Mt 24,15).

Ein anderer Hinweis darauf, dass der Antichrist ein Heide sein wird, findet sich darin, dass er über eine aus heidnischen Staaten bestehende Europäische Union herrschen wird (Dan 7,19-27). Er wird auch der bedeutendste Herrscher in den «Zeiten der Heiden» sein, wie Jesus es ausdrückte (Lk 21,24), einem Zeitraum, in dem Israel von der Herrschaft der Heiden dominiert wird. Das wird so lange der Fall sein, bis Israel im Tausendjährigen Reich wiederhergestellt wird (Offb 20,1-6). Daniel stellt den Antichristen immer in einen engen Zusammenhang mit dem wiedererstandenen Römischen Reich, was andeutet, dass er in gewisser Hinsicht römischer Abstammung ist. Daniel sagte voraus, dass «das Volk des zukünftigen Fürsten» Jerusalem und den Tempel zerstören werde (Dan 9,26). Aus der Geschichte wissen wir, dass das 70 n. Chr. durch die Hand der Römer geschah. Hier sehen wir wieder eine römische und somit heidnische Herkunft.

Aus diesen Gründen und wegen eines stetigen Anstiegs des Antisemitismus in der Welt, insbesondere kurz vor und während der Drangsalszeit, schliessen wir, dass der Antichrist wahrscheinlich kein Jude sein wird. Ebenso unwahrscheinlich ist es, dass ein Jude den Gräuel der Verwüstung begehen und sich selbst als den allmächtigen Gott im Allerheiligsten ausrufen würde (Dan 7,25; 2Thess 2,4; Offb 11,1-2; 13,6-7).

Manche glauben auch, dass der Antichrist ein Muslim sein könnte. Die Version ihres Messias (Mahdi genannt) im Koran weist ein paar unheimliche Ähnlichkeiten zur biblischen Beschreibung des Antichristen auf (z. B. reitet er auf einem weissen Pferd, tötet Juden und herrscht sieben Jahre lang). Aber wir lehnen diese Auslegung aus drei Gründen ab:

1. Die bereits angeführten Hinweise deuten darauf, dass der Antichrist ein Heide ist.
2. Der des Lesens und Schreibens unkundige Mohammed diktierte Schreibern den Koran, und seine Informationen über die Endzeit basierten lose auf dem, was er von Christen, Juden und Anhängern des Zoroastrismus gehört hatte.[20]
3. Das höchste Bekenntnis eines jeden Muslims ist: «Es gibt keinen Gott ausser Allah.» Dass sich ein Muslim zu Gott (Allah) erklärt und von der Welt verlangt, angebetet zu werden, ist eine undenkbare Vorstellung im Islam.

Aus diesen Gründen glauben wir, dass der Antichrist ein Heide sein wird.

---

20 David Reagan, «The Muslim Antichrist Theory», *Lamb and Lion Ministries*, Dezember 2010, https://christinprophecy.org/articles/the-muslim-antichrist-theory.

#4 Warum hasst der Antichrist die Juden so sehr?

In Offenbarung 12 lesen wir von einem entscheidenden Ereignis, das zur Mitte der Drangsalszeit im Himmel stattfindet. Im Grunde ist es ein Krieg. Der Teufel und seine Dämonen unternehmen einen letzten Angriff auf den himmlischen Thron Gottes (Jes 14,13-14). Obgleich er schon zuvor Zugang zur Gegenwart Gottes hatte, wo er die Gläubigen anklagte, ist dies nun sein letzter Auftritt dort (Hi 1,6-12; 2,1-5; Lk 22,31-32; Offb 12,10). Michael und seine Engel führen Krieg gegen den Teufel und seine Dämonen, die anschliessend besiegt und auf die Erde hinabgeworfen werden. An diesem Punkt wird der Teufel mit grossem Zorn erfüllt, «da er weiss, dass er nur wenig Zeit hat» (Offb 12,12). Und wozu entschliesst er sich, da er nur wenig Zeit hat?

Er startet einen dreiteiligen Angriff auf die Juden. *Erstens* beginnt er, das jüdische Volk bewusst zu verfolgen, und bricht seinen Bund mit ihnen. Er betritt den dritten Tempel und begeht den «Gräuel der Verwüstung», indem er das Allerheiligste entweiht und *sich* als Gott ausruft (Dan 9,27; Mt 24,15-22;

2Thess 2,3-4; Offb 12,13). Zu diesem Zeitpunkt fliehen die Juden in die Wüste, wo sie von Gott auf übernatürliche Weise beschützt werden (Offb 12,14).

Zweitens löst der Teufel eine Art Flut aus, die den Überrest vernichten soll. Aber Gott greift erneut ein und beschützt die Juden (Offb 12,15-16). Ob es buchstäblich eine Flut oder aber eine Invasionsarmee ist, können wir nicht mit Sicherheit sagen. Sicher ist hingegen, dass der Teufel noch nicht aufgibt.

Drittens wird der Teufel immer wütender auf die Juden und startet einen militärischen Grossangriff auf die übrig gebliebenen Gläubigen, was durchaus Juden als auch Nichtjuden einschliessen könnte (Offb 12,17). Wenn alles vorbei ist, werden zwei Drittel aller Juden tot sein (Sach 13,8).

Warum ausgerechnet die Juden? Warum hegt der Teufel einen so starken Hass gegen diese Volksgruppe? *Erstens* finden wir in 1. Mose 3,15 die erste Prophezeiung in der Heiligen Schrift über den kommenden Erlöser, wo es heisst, dass der Same der Frau der Schlange den Kopf zertritt. Auf diese Verheissung ging Gott näher ein, als er Abraham sagte: «In dir sollen gesegnet werden alle Geschlechter auf der Erde!» (1Mo 12,3). Daher hasst Satan die Juden zuallererst, weil durch den jüdischen Messias die Erlösung zu denen gekommen ist, die vom Teufel in Knechtschaft gehalten werden.

Zweitens hasst der Teufel die Juden, weil der allergrösste Teil der Bibel von den Hebräern geschrieben wurde. Ohne die Heilige Schrift würden wir den Heilsweg nicht kennen und verstehen, noch wüssten wir, wie wir Gott die Ehre erweisen sollen.

Drittens weiss der Teufel, dass das zweite Kommen Jesu auch die Rettung des jüdischen Überrests einschliesst, und er wird alles in seiner Macht Stehende tun, um sie davon abzuhalten, ihren Messias um Rettung anzuflehen. Wenn die Juden tot sind, können sie ihn nicht mehr bitten, sie zu erretten. Und wenn ihnen das nicht mehr möglich ist, gibt es rein theoretisch kein zweites Kommen. Dann wäre der Teufel in der Lage, durch den Antichristen seine ungehinderte Herrschaft über die Erde auszuüben (Jes 34,1-7; 63,1-6; Hab 3,3; Mi 2,12-13; Röm 11,25-27). Die Rückkehr Christi wird auch den endgültigen Untergang des Teufels anzeigen. Luzifers höchstes Ziel war es von jeher, Gott zu sein, angebetet zu werden und über die Welt zu herrschen. Und die Juden und ihr verheissener Messias sind alles, was ihm im Wege steht.

#5 Wie wird die Herrschaft des Antichristen aussehen?

Die Bibel verrät uns nicht, ob der Antichrist ein bereits bekannter Politiker sein wird oder ob er infolge des Chaos nach der Entrückung aus dem Nichts auftaucht. Die jüngste Geschichte hat uns jedoch die Möglichkeit gelehrt, dass ein Mann die höchste politische Machtposition einnehmen kann, ohne vorher allzu viel Erfahrung gesammelt zu haben. Aufstieg und Wahl Barack Obamas, eines Mannes, der aus dem Nichts kam und Präsident wurde, haben uns das in Amerika deutlich vor Augen geführt. Eines der Merkmale des Antichristen ist, dass er ein Opportunist ist, ausgestattet mit der einzigartigen Fähigkeit, andere allein aufgrund seiner Persönlichkeit und Eloquenz zu überzeugen (Dan 8,23-25). Auf der Grundlage von Frieden und Sicherheit aufbauend, startet der Antichrist seine politische Karriere mit dem Aushandeln eines Friedensvertrags mit Israel (Dan 7,25; 8,25; 9,27; 12,7; 1Thess 5,1-3; Offb 6,2). Er wird eine aus zehn Staaten bestehende Koalition bilden, die im Wesentlichen ein wiedererstandenes Römisches Reich darstellt, beschrieben als «Zehen» und «zehn Hörner» (Dan 2,31-45; 7,19-28; Offb 12,3; 13,1-9; 17,3.12-13). Ein derartiges Reich hat bisher noch nicht existiert, und gewiss nicht als Erweiterung des alten Römischen Reiches.

Wie aber können wir sicher sein, dass diese Auslegung richtig ist? In Daniel 7 berichtet der Prophet von vier Reichen, die sich in der Geschichte als Babylon (7,1-4), Medo-Persien (7,5), Griechenland (7,6) und Rom (7,7-8) herausgestellt haben. Im Anschluss beschreibt er das Römische Reich, das historisch auf Griechenland folgte (7,7). Dann wechselt er jedoch plötzlich zu einer anderen Form dieses Reiches, das «zehn Hörner» hat. Warum glauben wir, dass es die zukünftige Version des Römischen Reiches ist? Erstens wird es in Vers 7 eindeutig mit Rom in Verbindung gebracht. Und zweitens hat Rom, wie eben erwähnt, nie aus einem Staatengebilde mit zehn Königen bestanden. Drittens sagt Daniel 2,34-35 voraus, dass dieses Reich plötzlich vom «Stein» des messianischen Reiches zermalmt wird. Aber das Römische Reich wurde nicht plötzlich von einem anderen Reich zerstört. Vielmehr zerfiel es mehr und mehr im Lauf von tausend Jahren. Dieser Teil der Prophezeiung Daniels muss somit in der Zukunft liegen und im Augenblick noch unerfüllt sein.

Wir finden auch dramatische Veränderungen sowohl im Charakter des Antichristen als auch im Wesen seiner Herrschaft in der siebenjährigen Drangsalszeit. Zur Mitte dieses Zeitraums wird er vollständig vom Teufel besessen sein und deutlich diktatorischer und diabolischer auftreten.

Ein zweites und drittes Merkmal der Herrschaft des Antichristen werden wir bei der nächsten Frage besprechen.

#6 | Was bedeutet die Zahl 666?

Zwei andere Aspekte der Herrschaft des Antichristen sind *wirtschaftlicher* und *religiöser* Natur. In der Heiligen Schrift steht, dass er etwa zur Mitte der Drangsalszeit eine tödliche Kopfwunde erleiden wird (Offb 13,3-4.12.14; 17,8). Allerdings wird er aus den Toten auferstehen und die Welt glauben machen wollen, dass er ein Gott sei (Dan 11,36; 2Thess 2,3-5.9-12). Die Nationen werden dieser grossen Täuschung auf den Leim gehen, und aufgrund der katastrophalen wirtschaftlichen Auswirkungen, die die Gerichte Gottes bereits auf den Planeten gehabt haben, sind die Massen gewillt, ihre persönlichen Freiheiten abzutreten und dem Antichristen Treue zu geloben, im Austausch gegen die Möglichkeit, kaufen und verkaufen zu können (Offb 13,16-18).

Viel wurde schon gesagt über das berüchtigte «Malzeichen des Tieres» (Offb 16,2; 19,20) oder die «666». Wir wollen darüber reden, was es wirklich ist oder was es ermöglicht. Erstens ist das von Johannes verwendete griechische Wort für «Malzeichen» *charagma*, das zu seiner Zeit augenblicklich die Bilder oder Namen von römischen Kaisern auf Münzen heraufbeschwor. Es gab auch Sklaven und Soldaten, die ein Identifizierungsmerkmal oder Brandmal annahmen und so ihre Loyalität gegenüber ihren Herren oder militärischen Befehlshabern zum Ausdruck brachten.

Zweitens macht die Heilige Schrift deutlich, dass dieses Zeichen nur an einer von zwei Körperstellen angebracht wird – entweder auf der rechten Hand oder der Stirn. Zudem heisst es, dass das Zeichen *auf* (gr. *epi*) der Hand oder Stirn sein wird, nicht *in*. Was immer dieses Zeichen auch sein mag, es wird sichtbar und/oder elektronisch auf der Hautoberfläche zu lesen sein. Es *könnte* ein auf der Haut aufgetragenes oder eine Art Smart-Tattoo sein, das finanzielle Informationen enthält.

Was kann oder ermöglicht dieses Zeichen? Es ist denkbar, dass das Tragen des Zeichens dem Besitzer lediglich Zutritt zum Markt gewährt und er die Freiheit hat, die Zahlungsmethode zu wählen, die ihm am ehesten entspricht. Es könnte das Bild, Profil oder die Silhouette des Antichristen, sein Name oder die Zahl seines Namens sein – die 666. Die Identität des Antichristen werden wir uns in der nächsten Frage genauer anschauen. Eine Absicht des Zeichens ist es, als eine Art Wirtschaftspass zu dienen. Es gibt einer Person die Möglichkeit, Waren zu kaufen und zu verkaufen. Ohne das Zeichen wird niemand kaufen oder verkaufen können. Es ist erforderlich, um als Bürger wirtschaftliche Transaktionen durchzuführen.

Der letzte Aspekt des Zeichens ist religiöser Natur. Da der Antichrist die Welt davon überzeugen wird, dass er von den Toten auferstanden sei, wird er im Anschluss von jedem eine gottgleiche Anbetung verlangen. Die Person, die diese Anordnung durchsetzen wird, ist ein zweites Tier, bekannt als der falsche Prophet (Offb 13,11-16). Dieser Mann sorgt dafür, dass nicht nur jeder das Malzeichen des Tieres annimmt, sondern auch, dass der Antichrist von allen als Gott verehrt wird. Wenn man den Antichristen also weder anbetet noch sein Zeichen annimmt, riskiert man finanziellen Ruin und Tod durch Verhungern.

Wer das Zeichen aber annimmt, besiegelt für immer sein ewiges Schicksal. Die Heilige Schrift macht unmissverständlich klar, dass jeder, der das Zeichen des Antichristen trägt, auch den Glutwein Gottes zu trinken bekommt und für ewig verdammt wird (Offb 14,9-10; 16,2; 19,20-21). Ebenso klar sagt die Bibel aber auch, dass kein wahrer Gläubiger das Zeichen des Tieres annehmen wird (Offb 20,4).

#7 Ist es möglich, die Identität des Antichristen zu bestimmen?

Jedes Mal, wenn ein cleverer Politiker oder böser Diktator auf der Weltbühne auftaucht, fangen bei einigen sofort die Spekulationen an, ob er «der Eine», der Antichrist, sein könnte oder nicht. Das tun sie in erster Linie aus drei Gründen: Erstens leben wir in den letzten Tagen. Deshalb, so folgern sie, könnte der Teufel den Bogen eventuell überspannen und die Katze (die Identität des Antichristen) frühzeitig aus dem Sack lassen. Zweitens, wenn ein Weltführer Charakteristika aufweist, die mit denen des Antichristen übereinstimmen, fragen sich manche, ob es womöglich diese prophezeite Person sein könnte. Und drittens glauben einige Leute, dass es möglich ist, die Identität des Antichristen mittels Gematrie, einer Methode, die jedem hebräischen Buchstaben einen Zahlenwert beimisst, mathematisch zu entschlüsseln. Mit anderen Worten, indem man den Gegenwert des Namens einer Person im Hebräischen ermittelt, ist ihr Name zahlenmässig herauszufinden. Durch die

Anwendung dieser Methode wurde die 666 mit jedem von John Kennedy über Ronald Reagan bis Barack Obama in Verbindung gebracht.

Drei entscheidende Gründe lassen uns jedoch glauben, dass es gegenwärtig unmöglich ist, die Identität des Antichristen zu bestimmen. Erstens bezieht sich Offenbarung 13,18 im Kontext auf Personen, die zur Zeit des Zeichens des Antichristen leben (in der Drangsalszeit). Johannes weist diese «Generation der Drangsalszeit» auf die Weisheit hin und auf die Berechnung der Zahl des Tieres. Zweitens scheint die Heilige Schrift anzudeuten, dass der Antichrist erst dann bekannt wird, wenn er einen Friedensbund mit Israel schliesst (Dan 9,27). Vom strategischen Standpunkt aus betrachtet, wäre es dumm vom Teufel, würde er die Identität des Antichristen vor seiner grossen Enthüllung aufdecken. Das wäre gewiss enttäuschend und würde die Wirkung der öffentlichen Inszenierung seiner Persönlichkeit schwächen. Drittens steht auch in der Bibel, dass er erst nach der Entrückung offenbart wird (2Thess 2,6-8). Wer heute behauptet, die Identität des Antichristen zu kennen, widerspricht offen der Bibel.

Wer heute behauptet, die Identität des Antichristen zu kennen, widerspricht offen der Bibel.

Dennoch sind Menschen zu unzähligen Gelegenheiten an uns herangetreten, die zu wissen glauben, wer der Antichrist ist, weil sie geheime Informationen durch eine direkte Offenbarung Gottes erhalten haben. Die schlechte Nachricht ist: Wenn diese Personen die Identität des Antichristen tatsächlich kennen, dann haben sie der Bibel zufolge die Entrückung verpasst und wurden zurückgelassen!

#8 | Was ist der «Geist des Antichristen»?

Diesen Ausdruck finden wir in 1. Johannes 4,3: «Jeder Geist, der nicht bekennt, dass Jesus Christus im Fleisch gekommen ist, der ist nicht aus Gott. Und das ist der Geist des Antichristen, von dem ihr gehört habt, dass er kommt; und jetzt schon ist er in der Welt.»

Vergessen Sie nicht: Das *anti* in Antichrist bedeutet «an Stelle von» und «gegen». Im erweiterten Sinne meint der Geist des Antichristen somit jeden Geist (Gedanken, Lehre, Philosophie, Bewegung), der sich weigert, Jesus Christus als Gott anzuerkennen. 2. Johannes 1,7 wiederholt diese Wahrheit: «Denn viele Verführer sind in die Welt hineingekommen, die nicht bekennen, dass Jesus Christus im Fleisch gekommen ist – das ist der Verführer und der Antichrist.» Aus diesem Grund bittet uns Johannes inständig: «Prüft die Geister, ob sie aus Gott sind!» (1Joh 4,1). Er sagt auch, dass «jetzt viele Antichristen aufgetreten sind» und es eines der Zeichen ist, dass wir in der «letzten Stunde» leben (1Joh 2,18).

Im erweiterten Sinne meint der Geist des Antichristen somit jeden Geist (Gedanken, Lehre, Philosophie, Bewegung), der sich weigert, Jesus Christus als Gott anzuerkennen.

Der letzte (und eigentliche) Antichrist wird alles Mögliche tun, die ihm vom Teufel gegebene Macht einzusetzen, um das wahre Wesen Jesu Christi öffentlich zu leugnen. Er wird sich als Ersatz für Christus darstellen und ein falscher Messias werden. Genau davor warnt Jesus seine Jünger in der Drangsalszeit. In einer seiner letzten Ansprachen an seine Jünger beschäftigt er sich ausschliesslich mit dem Thema Endzeit, insbesondere mit der Drangsalszeit. Als sie ihn nach dem Zeitpunkt dieser Ereignisse und Zeichen fragten, die ihnen deutlich machen, dass «dies geschehen wird», sagte er als Erstes: «Habt acht, dass euch niemand verführt! Denn viele werden unter meinem Namen kommen und sagen: ‹Ich bin der Christus!› Und sie werden viele verführen. ... Denn es werden falsche Christusse und falsche Propheten auftreten und werden grosse Zeichen und Wunder tun, um, wenn möglich, auch die Auserwählten zu verführen» (Mt 24,3-5.24).

Das ist die letzte wegbereitende Prophezeiung, die zum Antichristen führt. Heute können wir wahrnehmen, wie der Geist des Antichristen unsere Kultur und sogar die Gemeinde durchdringt, da selbsternannte Propheten, Messiasse und spirituelle Gurus die Massen weg vom wahren Christus führen. Säkularismus, gottlose Wissenschaft, atheistische Philosophie und Hochschulbildung leugnen mit vereinter Stimme die Gottheit Jesu. Ausserdem sind viele Gemeinden und Denominationen von der von Jesus in seinem Wort gelehrten Wahrheit abgeirrt und haben sich so den Geist des Antichristen zu eigen gemacht. Nur wer seine Gedanken mit der Bibel füllt, kann diesen Geist wahrnehmen, aufdecken und zurückweisen (1Joh 4,1).

#9 | Lebt der Antichrist heute schon auf der Erde?

Bei diesem sensiblen Thema ist es eine anscheinend unwiderstehliche Versuchung, die Identität des Antichristen herausfinden zu wollen. Wir haben bereits gesehen, dass das nicht nur ein ertragloses Unterfangen ist, sondern auch ein äusserst unbiblisches, denn die Identität des Antichristen kann erst dann erkannt werden, wenn «der, welcher jetzt zurückhält» (durch die Gemeinde hält der Einfluss des Heiligen Geistes das Böse zurück), bei der Entrückung weggenommen wird.

Seine Identität können wir zwar nicht wissen, dafür aber andere Dinge über ihn. Der Apostel Johannes sagt nicht, dass wir nach ihm Ausschau halten sollen, aber er warnt uns, «dass der Antichrist kommt» (1Joh 2,18). Und es gibt mehrere deutliche Hinweise, die es wahrscheinlich machen, dass der Antichrist in diesem Augenblick schon auf der Erde lebt.

Erstens kann die Entrückung jederzeit stattfinden. In Kapitel 4 («Die Entrückung») haben wir schon über die Lehre von der nahe bevorstehenden Entrückung gesprochen. Wenn sie sich ereignet, muss der Antichrist bereits erwachsen sein, um das chaotische Vakuum ausfüllen zu können.

Zweitens müssen sich vor der Entrückung keine weiteren Prophezeiungen erfüllen. Man könnte behaupten, dass es für die Entrückung notwendig war, dass Israel wieder zu einer Nation wurde. Theoretisch hätte das aber auch in den Monaten nach der Entrückung geschehen können. Aber Israel wurde bereits am 14. Mai 1948 wieder eine Nation. Seitdem und besonders in den letzten Jahren sehen wir, wie sich einige Prophezeiungen aus der Offenbarung langsam anzukündigen beginnen. Das ist nur eine weitere Unterstützung für das Argument, dass die Entrückung sehr nahe ist.

Aufgrund dieser Nähe zu einer baldigen Erfüllung bestimmter Prophezeiungen muss der Teufel bereits einen potenziellen Kandidaten für den Antichristen zur Hand haben, den er in die erste Reihe der Geschichte katapultieren kann, um die Welt zu Frieden und Sicherheit zu führen. Vermutlich hat der Teufel in jeder Generation bereits einen potenziellen Antichristen gehabt.

Denken Sie daran: Er ist nicht eingeweiht in Gottes prophetischen Zeitplan oder in den genauen Zeitpunkt der Entrückung. Um den Respekt der Staaten zu gewinnen und die Welt anzuführen, muss sich dieser Mann ein gewisses Mass an politischer Macht erworben haben, und sei es erst einmal nur in der zweiten Reihe. Und jemand, der erst in seinen Zwanzigern ist, wäre dazu nicht in der Lage. Deshalb wird er wahrscheinlich etwas älter und erfahrener in globalen Führungsaufgaben sein.

Es ist höchst wahrscheinlich, dass der Antichrist heute schon lebt.

Würde die Entrückung heute stattfinden, könnte ein Mann mit einem gewissen politischen Ansehen und im entsprechenden Alter schnell das Vakuum ausfüllen und der Antichrist werden. Aber selbst wenn sich die glückselige Hoffnung erst in 35 bis 40 Jahren von heute an ereignet, würde der Antichrist heute wohl schon leben, auch wenn er dann noch recht jung wäre.

#10 | Warum sollte mich der Antichrist interessieren?

Wenn wir nicht auf den Antichristen warten, warum sollten wir uns dann für ihn interessieren, *vor allem* wenn wir dann nicht mehr auf der Erde sein werden? Das ist eine sehr gute Frage. Dieselbe Frage gilt auch für 95 Prozent der Offenbarung, denn das ist der Prozentsatz der darin enthaltenen prophetischen Details. Warum möchte Gott also, dass wir wissen, was in der Zukunft geschieht, insbesondere durch diese einzelne Person? Welche direkten Auswirkungen hat es auf uns?

Fangen wir mit Folgendem an: *Er wird in der Bibel erwähnt*, das allein schon sollte unser Interesse wecken. Zweitens lassen sich mehr als hundert Bibelstellen finden, die Herkunft, Charakter, Reich und Schicksal des Antichristen beschreiben. Drittens ist er die bekannteste prophezeite Person in der Endzeit nach Jesus Christus, was die Häufigkeit seiner Erwähnungen angeht. In der Offenbarung wird er 36-mal das «Tier» genannt. Viertens hat er in den letzten Tagen der Zivilisation Einfluss auf den ganzen Planeten.

Genauer gesagt, wenn wir etwas über den Antichristen, seine Wege und seine böse Herrschaft wissen, hilft uns das, den Geist des Antichristen schon jetzt zu erkennen. Es gibt uns Einsicht in «das Geheimnis der Gesetzlosigkeit», von dem Paulus in 2. Thessalonicher 2,7 sprach. Indem wir wissen, wie er ist und wie er wirkt, können wir uns vor derselben teuflischen Verführung und den Lügen über Gott, Errettung, Wahrheit, Beziehungen, das Leben danach und sogar über die Prophetie an sich schützen. Wir können auch gegenwärtige Hinweise auf die Weltregierung erkennen, die er in der Zukunft aufstellen wird.

> **Er ist die bekannteste prophezeite Person in der Endzeit nach Jesus Christus.**

Wenn wir uns mit dem Antichristen beschäftigen, bekommen wir nicht nur Hintergrundinformationen über Satans Pläne mit der Welt, sondern auch über Gottes Plan mit den Zeitaltern. Wie in Offenbarung 4 beschrieben, steht im Himmel ein Thron, auf dem jemand sitzt. Das sagt uns, dass Gott nach wie vor souverän ist und alles unter Kontrolle hat, sogar die Sünde, Satan und den Antichristen. Die Geschichte des Antichristen zeigt uns auch viel über Gott, einschliesslich der Wahrheit, dass seine Gerechtigkeit am Ende siegen wird. Offenbarung 19 verrät uns: Zusammen mit dem falschen Propheten wird der Antichrist «lebendig in den Feuersee geworfen, der mit Schwefel brennt» (19,20). Das ist der Ort der ewigen Strafe, von dem es kein Entkommen gibt, keine Ruhe und keine Begnadigung. Über denselben Ort und die Erfahrung seiner Bewohner schrieb Johannes zuvor schon: «Und der Rauch ihrer Qual steigt auf von Ewigkeit zu Ewigkeit; und die das Tier und sein Bild anbeten, haben keine Ruhe Tag und Nacht, und wer das Malzeichen seines Namens annimmt» (Offb 14,11). Gott möchte, dass wir auf das Kommen Christi warten, aber gleichzeitig auch Dinge über den zukünftigen Antichristen wissen und erkennen, wie sein Geist in unserer Welt heute wirkt.

KAPITEL 8

Die physische Rückkehr Christi

#1 Welche wichtigen Unterschiede gibt es zwischen dem ersten und dem zweiten Kommen Christi?

Jeder kennt das erste Kommen Christi, das wir jedes Jahr zu Weihnachten feiern. Was Sie vielleicht aber nicht wissen, ist, dass auf jede Erwähnung des ersten Kommens Christi in der Schrift *acht Stellen* kommen, die vom zweiten Kommen handeln. Von den 333 Prophezeiungen über Christus wurden 109 bei seinem ersten Kommen erfüllt. Das bedeutet, dass die Erfüllung von 224 Prophezeiungen noch aussteht.

Aber zu den grössten Gegensätzen zwischen der Menschwerdung Jesu (zu Weihnachten) und seiner Erscheinung (beim zweiten Kommen) gehört die jeweilige Absicht. Als Jesus im 1. Jahrhundert auf die Erde kam, gab es dafür drei Gründe:

1. um dem jüdischen Volk das messianische Reich anzubieten, wenn es Busse tun und ihn annehmen würde (Mt 4,17.23; 9,35);
2. um Gott den Vater zu offenbaren / zu erklären (Joh 1,18);
3. um stellvertretend für unsere Sünden zu sterben (Mk 10,45).

Wenn er allerdings zum zweiten Mal kommt, werden die Gründe vollkommen anders sein. Dieses Mal kommt er, um seinen Feinden Zorn und Vergeltung zu bringen (Offb 19,11-21) und sein Tausendjähriges Reich auf der Erde aufzurichten (Offb 20,1-6).

Schon im Alten Testament finden wir das Kommen des Messias. Im Neuen Testament sehen wir dann, dass er gekommen ist und auch wiederkommen wird.

VERGLEICH:

ERSTES UND ZWEITES KOMMEN CHRISTI

ERSTES KOMMEN	ZWEITES KOMMEN
Er bot das Reich an.	Er richtet sein Reich auf.
Er offenbarte den Vater.	Er offenbart sich selbst.
Er starb für Sünder.	Er bestraft Sünder.

ERSTES KOMMEN	ZWEITES KOMMEN
im Verborgenen, grösstenteils unbemerkt	jedes Auge wird ihn sehen (Offb 1,7)
kam als leidender Knecht (Mt 20,18-19.28; Mk 10,35-45; Phil 2,5-8)	kehrt als siegreicher König zurück (Offb 19,11.15)
kam, um Erlösung zu bringen (Lk 19,10)	kehrt zurück, um Vergeltung zu bringen (Offb 19,11.15)
bot sein Reich an (Mt 4,17)	kehrt zurück, um sein Reich aufzurichten (Offb 20,1-9)
kam in Demut (Lk 2,16-20)	kehrt in Herrlichkeit zurück (Mt 25,31)
kam, um zu sterben (1Joh 2,2)	kehrt zurück, um zu herrschen (Lk 1,33; 2Sam 7,16)
Feinde vergossen sein Blut (Jes 53,1-10; Joh 19)	kehrt zurück, um das Blut seiner Feinde zu vergiessen (Offb 19,13-15)
kam als ein Lamm (Joh 1,29)	kehrt als der Löwe aus Juda zurück (Offb 5,5; 12,5; 19,15)
nahm menschliche Gestalt an (Joh 1,14)	kehrt in einem verherrlichten Körper zurück (Offb 1,12-16; 19,12)
erlöste einige Juden (Apg 2,37-41; Röm 1,16-17; 11,25-29)	kehrt zurück, um alle Juden zu retten (Sach 13,8-9; Röm 1,16-17; 11,25-29)
seine Ankunft in Jerusalem wurde auf den Tag genau vorhergesagt (Dan 9,24-26; Lk 19,27-44)	der Zeitpunkt seiner Rückkehr nach Jerusalem ist unbekannt (Offb 16,15)
Bethlehem wurde als sein Geburtsort vorhergesagt (Mi 5,1; Mt 2,1-6)	seine Rückkehr auf den Ölberg ist vorhergesagt (Sach 14,4)

#2 Welche Unterschiede bestehen zwischen der Entrückung und der Rückkehr Christi?

Im Neuen Testament finden wir ein interessantes Wort, das das Kommen des Herrn beschreibt. *Parousia* bedeutet «Gegenwart» oder «Ankunft». In der säkularen Welt wurde es verwendet, um die Ankunft eines Königs anzukündigen, und die neutestamentlichen Schreiber gebrauchten es für die Rückkehr Jesu Christi. Die konkrete Bedeutung eines jeden Wortes wird immer vom Kontext bestimmt, in dem es steht. Und von den 24 Stellen, wo es im Neuen Testament auftaucht, blickt es 17-mal auf die zukünftige Rückkehr Jesu. Unter diesen siebzehn Erwähnungen beziehen sich zehn auf die Entrückung, während sieben das zweite Kommen betreffen. Es wird gesagt, dass das Kommen Christi zwei Phasen einschliesst: die Entrückung und das zweite Kommen. Dennoch unterscheiden sich diese beiden Ereignisse in vielerlei Punkten.

Die Hauptabsicht der Entrückung ist es, die Braut Christi vor dem Zorn Gottes in der Drangsalszeit zu bewahren (1Thess 1,10; 5,9; Offb 3,10). Das zweite Kommen hat mehr mit Israel und dem Gericht Gottes über die Nationen zu tun, das in Harmageddon seinen Höhepunkt findet. Wenn Sie an die posttribulationistische Sicht von der Entrückung glauben (die gleichzeitig mit dem zweiten Kommen zusammentrifft), dann besteht praktisch kein Unterschied zwischen den beiden Auftritten. Glauben Sie hingegen an die prätribulationistische Entrückung, sind die Unterschiede nicht zu übersehen:

DIE ENTRÜCKUNG	DAS ZWEITE KOMMEN
ein zeichenloses Ereignis, nahe bevorstehend (Apg 1,6-7)[21]	wahrnehmbare Zeichen und Gerichte gehen sieben Jahre lang voraus (Offb 6–19)
Jesus kommt in der Luft (1Thess 4,16-17)	Jesus kehrt auf die Erde zurück (Sach 12,9; Offb 19,11ff.)
Jesus rettet uns vor dem Zorn (1Thess 1,10; 5,9)	Jesus kehrt zurück, um seinen Zorn auszugiessen (2Thess 2,8; Offb 19,11)
Jesus belohnt die Gläubigen (1Kor 3,10-15; 4,5; 2Kor 5,10)	Jesus richtet die Ungläubigen (Offb 19,11-21)
Jesus kehrt für die Gemeinde zurück (1Thess 4,13-18)	Jesus kehrt mit der Gemeinde zurück (Offb 19,8.14)
Jesus weckt Gläubige aus den Toten auf (1Kor 15,51-55; 1Thess 4,16)	Jesus tötet die Gottlosen (Offb 19,21)
Braut Christi wird zum Hochzeitsfest geladen (Joh 14,3; Offb 19,7-9)	Vögel werden zu einem Fest geladen (Offb 19,17-18)
nicht im Alten Testament vorhergesagt	sowohl im Alten als auch im Neuen Testament vorhergesagt (Sach 14,3-5; Mt 24,29-31)
findet in einem Augenblick statt (1Kor 15,51-52; 1Thess 4,17)	beinhaltet eine Reihe von militärischen Feldzügen (Ps 2,1-6; Jes 24,1-7; 63,13; Offb 16,12-16; 19–21)[22]
anschliessend beginnt die Drangsalszeit (Offb 3,10)	anschliessend beginnt das Tausendjährige Reich (Offb 20,1-6)
der Erlöser von Golgatha errettet (1Kor 15,55-56)	der Reiter und seine Kavallerie richten (Offb 19,11-16)
nur die Gläubigen werden ihn sehen (1Thess 4,16-17; 1Joh 3,2)	jedes Auge wird ihn sehen (Sach 12,10; Offb 1,7)

21 Siehe Matthäus 24,42-47; Lukas 12,35-40; Markus 13,33-37. Obschon sich diese Stellen auf das zweite Kommen Jesu bei seiner Rückkehr auf die Erde beziehen, gelten die Prinzipien, wachsam, bereit und vorbereitet zu sein, auch für die Entrückung.

22 Zusätzliche Bibelstellen sind: Jeremia 49,13-14; Daniel 11,40-45; Sacharja 12–14; Joel 4,12-17; Micha 4,11–5,7; Matthäus 24,29-32.

Zwischen diesen beiden Ereignissen werden mindestens sieben Jahre liegen. Und es ist wichtig, dass wir sie auseinanderhalten, weil sie zwei verschiedene Absichten verfolgen, die eine ist ausschliesslich auf die Gemeinde gerichtet, während die andere Israel und die heidnischen Nationen betrifft.

#3 Warum kehrt Jesus physisch auf die Erde zurück?

Offenbarung 19 enthält viele Details über das zweite Kommen Christi. Dieses monumentale Ereignis findet am Ende der siebenjährigen Drangsalszeit statt. Viele haben schon davon gehört, dass Christus zur Schlacht von Harmageddon erscheint, kennen aber die eigentlichen Gründe für seine Rückkehr nicht. Der Heiligen Schrift können wir mindestens sieben Hauptmotive für das entnehmen, was sich als der dramatischste Augenblick in der ganzen Menschheitsgeschichte herausstellen wird.

Erstens kehrt Jesus zurück, weil er sagte, dass er es tun wird. Er wird die Verheissung aus seinem Wort erfüllen (Mt 24,29-31; 25,31). Die beiden Engel bei seiner Himmelfahrt sagten ebenfalls voraus, dass er zurückkommen wird, und, wie sich zeigt, an genau dieselbe Stelle (Apg 1,9-11). Das sagte auch der Prophet Sacharja (Sach 14,4).

Zweitens wird Jesus zurückkommen, um seine Feinde zu besiegen (Offb 19,19-21). Für einige ist es eine beunruhigende Vorstellung, dass Gott Feinde hat. Schliesslich sollte er doch alle lieben, oder etwa nicht? In der Offenbarung steht aber deutlich: «Und ich sah das Tier und die Könige der Erde und ihre

Heere versammelt, um Krieg zu führen mit dem, der auf dem Pferd sitzt, und mit seinem Heer» (Offb 19,19). Diese Armeen werden zuvor von drei Dämonen nach Harmageddon gelockt werden, um gegen Gott zu kämpfen (Offb 16,12-16). Für die Millionen von Soldaten, die sich auf diesem grossen Schlachtfeld versammeln, wird es leider kein echter Kampf sein. Es ist vielmehr das blutigste und brutalste Gemetzel der Geschichte. Vermutlich wird nicht ein einziger Schuss fallen. Aus dem Mund Jesu wird nur ein Wort kommen, und sie werden augenblicklich an Ort und Stelle getötet (Offb 19,15; Jes 11,4). Und laut Offenbarung 14,17 werden ihm in diesem Kampf spezielle Engel zur Seite stehen (s. auch Mt 13,39; 16,27). Das ist ein Gericht Gottes und ein weiterer Grund, warum «es schrecklich ist, in die Hände des lebendigen Gottes zu fallen!» (Hebr 10,31).

Drittens wird Jesus zurückkommen, um ganz Israel zu versammeln und wiederherzustellen (Jes 11,11-12; 43,5-6; Jer 30,10; 33,6-9; Hes 36,22-38; 37,1-28; Röm 11,25-27). Die siebenjährige Drangsalszeit ist in der Schrift auch als «eine Zeit der Drangsal ... für Jakob» bekannt (Jer 30,7.10-11). Seine Rückkehr wird dem Leiden Israels somit ein Ende bereiten.

Viertens wird er bei dieser Gelegenheit die Heidenvölker richten (Mt 25,31-46). Die Ungläubigen, die beim Kommen Jesu auf der Erde leben, werden von ihm sofort individuell gerichtet. Manchmal wird es auch als das «Gericht der Schafe und Böcke» bezeichnet.

Fünftens wird Jesus zurückkehren, um die Gläubigen aus dem Alten Testament und der Drangsalszeit aufzuerwecken (Offb 20,4-6; Dan 12,1-4). Um ins Tausendjährige Reich eingehen zu können, müssen die Gläubigen, die vor dem Kommen Christi und während der Drangsalszeit gestorben sind, ebenso einen verherrlichten Körper bekommen wie die Christen des Gemeindezeitalters bei der Entrückung (1Kor 15,51-54). Dann werden Gläubige wie Hiob, Noah, Abraham, David und Johannes der Täufer ihren Herrlichkeitsleib erhalten (Hi 19,25-27; Hos 13,14).

Sechstens kehrt er zurück, um den Teufel tausend Jahre lang zu binden (Offb 20,1-3). Amillennialisten glauben, dass der Teufel gegenwärtig durch das vollbrachte Kreuzeswerk Christi gebunden ist. Aber die Realität und Offenbarung 6–19 widerlegen das eindeutig.

Siebtens kommt Jesus zurück, um als König auf der Erde zu regieren (Jes 9,5; Dan 2,44; Mt 19,28; Lk 1,32-33; Offb 19,6).

#4 Was wird die Welt sehen, wenn Jesus zurückkehrt?

Der Heiligen Schrift zufolge wird die Rückkehr Jesu sowohl physisch als auch sichtbar sein. Offenbarung 1,7 sagt: «Jedes Auge wird ihn sehen» (s. auch Dan 7,13; Mt 24,29-30; 25,31-33). Aber wie kann das sein?

Manche stellen sich vor, wie dieses Ereignis weltweit übertragen wird. Andere vermuten, dass es in den sozialen Medien gleichzeitig zu einer Bilderflut kommen wird, die zeigt, wie sich die Wolken teilen und Jesus erscheint. Doch möglicherweise wird es viel übernatürlicher sein als das. Vielleicht ist Jesus für jede Person auf wundersame Weise sichtbar, ganz gleich, wo sie sich zu diesem Zeitpunkt gerade auf der Erde aufhält. Es könnte ein ähnliches Wunder sein wie das von Gott in Offenbarung 14,6-7 gewirkte, wo ein Engel oben am Himmel fliegt, um «ein ewiges Evangelium zu verkündigen denen, die auf der Erde wohnen, und zwar jeder Nation und jedem Volksstamm und jeder Sprache und jedem Volk». Auf irgendeine Weise wird die ganze Welt ihn hören, während den Menschen eine letzte Chance eingeräumt wird, Busse zu tun und sich zum wahren Gott hinzuwenden. Wenn Jesus aber zurückkommt, ist die Zeit der Busse abgelaufen.

Die ganze Welt wird schliesslich auf die berühmteste Person in der Menschheitsgeschichte schauen, einen Zimmermann aus Galiläa. Allerdings wird er nicht so aussehen, wie sie erwartet hatten. Anstatt als bescheidener Galiläer gekleidet zu sein, wird er ein glanzvolles, herrliches Gewand tragen. Übereinstimmend mit der Vision, die Johannes in Offenbarung 1 empfangen hat, werden die Augen Jesu wie eine Feuerflamme sein, und auf seinem Kopf ruhen viele Kronen (Offb 19,12). Er reitet auf einem weissen Pferd (Offb 19,11). Zuvor haben wir schon einen anderen Reiter (den Antichristen) auf einem weissen Pferd gesehen, der «als ein Sieger und um zu siegen» kommt (Offb 6,1-2).

Jetzt aber sitzt «der Treue und Wahrhaftige» auf einem weissen Pferd, der «in Gerechtigkeit richtet und kämpft». Der Antichrist wird diese Szene mitansehen, die seine baldige Niederlage bestätigt und seinen Untergang besiegelt. Auch die Welt wird sehen, wie er durch die Wolken bricht (Mt 25,31; Offb 19,14). Was für ein Auftritt! Aber genau der passt zum «König der Könige und Herr der Herren» (Offb 19,16).

Stellen Sie sich den Schock und die Angst vor, die jedes Herz ergreifen und die Aufmerksamkeit aller auf der Erde lebenden Menschen auf sich ziehen werden. Harmageddon betont auch, wie sehr das menschliche Herz getäuscht werden kann, da es dem Teufel, dem Antichristen und falschen Propheten glaubte, man könne den allmächtigen Gott gemeinsam besiegen. Jeder Mensch auf der Erde wird den Herrn Jesus Christus in Herrlichkeit auf die Erde herabreiten sehen. Was für ein Anblick wird das sein!

#5 Von wem wird Jesus bei seiner Rückkehr begleitet?

Jesus kommt nicht allein zurück, sondern bringt eine ganze Armee mit. Dieses Heer kommt aus dem Himmel (Offb 19,14), und obschon uns die Zahl nicht mitgeteilt wird, können wir uns doch vorstellen, dass es Milliarden sein werden. Diese riesige Armee besteht aus vier Gruppen, die den Herrn begleiten:

1. der Braut Christi (Offb 19,7-8);
2. Gläubigen, die in der Drangsalszeit gestorben sind (Offb 7,13-14);
3. alttestamentlichen Gläubigen (Jud 1,14; Dan 12,1-2);
4. Engeln (Mt 25,31).

Die Gläubigen aus den Zeitaltern reiten auf weissen Pferden und folgen ihrem siegreichen König und Herrn der Heerscharen (Offb 19,14-16).

Es wurde darüber diskutiert, ob es buchstäblich Pferde sind oder nicht. Angesichts der Tatsache, dass es im Tausendjährigen Reich auch Tiere geben wird (Jes 11,6-8; 56,7) und die Stelle keine symbolische Auslegung nahelegt, gehen wir von echten Pferden aus, die ebenso real sind wie ihre Reiter. Die Engel aber reiten wahrscheinlich nicht auf Pferden, sondern bewegen sich mittels ihrer Flügel. Das bedeutet, Sie reiten hinter Jesus her auf einem weissen Pferd und erleben aus nächster Nähe sein zweites Kommen und den Sieg über seine Feinde bei Harmageddon.

Sie sitzen in der Geschichte und bei der Erfüllung der Prophetie in der ersten Reihe! Und Sie müssen sich keine Sorgen machen, weil Sie vielleicht nicht reiten können, oder über die Schwere des Gerichts, das Jesus an diesem Tag ausüben wird. Sie werden in einem verherrlichten Zustand sein, ohne von menschlichen Begrenzungen oder der sündigen Natur gehindert zu werden. Sie werden Gerechtigkeit und Zorn mit den Augen Gottes sehen. Sie werden sich an diesem Tag der Vergeltung sogar freuen können (Röm 8,30; 1Kor 15,53-54; 2Kor 5,1-4; 1Joh 3,1-2; Offb 6,9-10).

#6 Wo genau wird Jesus zurück auf die Erde kommen?

Möglicherweise ist kein in der Apokalypse verwendetes Wort sowohl Christen als auch Nichtchristen vertrauter als *Harmageddon*. Die blosse Erwähnung beschwört Bilder von der letzten

Schlacht in der Geschichte und dem Ende der Welt herauf. Es ist der Krieg, der alle Kriege beendet, auch wenn die Schlacht laut Bibel schon zu Ende ist, bevor sie überhaupt beginnt. In Wirklichkeit besteht die sogenannte Schlacht von Harmageddon aus einer Reihe von Konflikten, die sich von den Bergen von Bozra (etwa 130 Kilometer südlich von Jerusalem) bis in die 80 Kilometer nördlich gelegene Ebene von Esdraelon (Jesreel-Ebene) erstrecken.

Gelehrte sind sich nicht einig über die exakte chronologische Abfolge der Schritte Jesu bei seinem zweiten Kommen. Setzt man jedoch die Hinweise aus den biblischen Prophezeiungen zusammen, können wir von Folgendem ausgehen:

Erstens wird der jüdische Überrest den Messias um Rettung anflehen (Hos 6,1-3; Joe 3,1-2; Sach 12,1–13,1; Mt 23,37-39; Röm 11,25-27). Diese Juden (die ein Drittel der Gesamtbevölkerung ausmachen) haben sich seit dem «Gräuel der Verwüstung» in der Wüste versteckt, der zur Mitte der Drangsalszeit eintreten wird (Dan 9,27; Sach 13,8; Mt 24,15-22).

Zweitens wird Jesus an dieselbe Stelle zurückkehren, von der aus er ursprünglich in den Himmel aufgefahren ist (Sach 14,3-4; Apg 1,9-12). Das wird ein dramatisches und mächtiges Ereignis sein. Dramatisch, weil er auf einem weissen Ross des Sieges reitet und für die Schlacht ausgestattet ist (Offb 19,11). Und mächtig, weil er auf dem Ölberg landet: Der Berg wird sich in der Mitte von Osten nach Westen teilen und eine Hälfte nach Norden und die andere nach Süden rücken. Das wird Auswirkungen auf die ganze Welt haben und das grösste Erdbeben in der Geschichte auslösen. Dieses Erdbeben wird die Topografie des Planeten drastisch verändern.

Berge werden zur Ebene und Inseln im Meer versinken (Offb 16,17-21). Dann wird Jesus die Armeen des Antichristen, die Jerusalem eingenommen haben, schlagen (Sach 12,1-3). Von dort aus reitet er nach Süden, um den Antichristen, den falschen Propheten und ihre ganze militärische Macht zu vernichten, da sie an diesen Ort (Bozra/Petra) gekommen sind, um die Juden ein für alle Mal auszulöschen (Joe 4,12-13; Sach 14,12-15; Offb 14,19-20).

Drittens wird sich der siegreiche Christus zusammen mit seinen himmlischen Heerscharen (Offb 19,14) auf ins Tal Megiddo machen (Harmageddon), wo er die Armeen nur mit einem Schwert (Wort) aus seinem Mund vernichten wird (Offb 19,15-16.21).

Es ist nicht hundertprozentig klar, ob Christus zuerst nach Bozra kommt, um den jüdischen Überrest zu retten, oder ob sein erster Kontaktpunkt am Ölberg sein wird. Wie dem auch sei, diese Prophezeiungen verraten uns, dass der Geografie eine besondere Rolle bei der Rückkehr Jesu zugedacht ist. Das ist nur ein weiterer Hinweis darauf, dass alle biblischen Vorhersagen so wörtlich und präzise erfüllt werden, wie es in der Heiligen Schrift steht.

#7 | Was wird Jesus bei seiner Rückkehr tun?

Das zweite Kommen Jesu wird in 23 von 27 neutestamentlichen Büchern an mehr als 300 dieses Ereignis betreffenden Stellen gelehrt. Jesus selbst sprach etwa 20-mal über sein zweites Kommen, eines davon finden wir in Matthäus 24,27-30:

> Denn wie der Blitz vom Osten ausfährt und bis zum Westen scheint, so wird auch die Wiederkunft des Menschensohnes sein. Denn wo das Aas ist, da sammeln sich die Geier. Bald aber nach der Drangsal jener Tage wird die Sonne verfinstert werden, und der Mond wird seinen Schein nicht geben, und die Sterne werden vom Himmel fallen und die Kräfte des Himmels erschüttert werden. Und dann wird das Zeichen des Menschensohnes am Himmel erscheinen, und dann werden sich alle Geschlechter der Erde an die Brust schlagen, und sie werden den Sohn des Menschen kommen sehen auf den Wolken des Himmels mit grosser Kraft und Herrlichkeit.

Laut Offenbarung 19,11 sind mit der Rückkehr Jesu zwei unmittelbare Absichten verbunden: richten und Krieg führen. Das wird daran deutlich, wie Christus in den folgenden Versen beschrieben wird:

> Seine Augen aber sind wie eine Feuerflamme, und auf seinem Haupt sind viele Kronen, und er trägt einen Namen geschrieben, den niemand kennt als nur er selbst. Und er ist bekleidet mit einem Gewand, das in Blut getaucht ist, und sein Name heisst: «Das Wort Gottes». Und die Heere

> im Himmel folgten ihm nach auf weissen Pferden, und sie waren bekleidet mit weisser und reiner Leinwand. Und aus seinem Mund geht ein scharfes Schwert hervor, damit er die Heidenvölker mit ihm schlage, und er wird sie mit eisernem Stab weiden; und er tritt die Weinkelter des Grimmes und des Zornes Gottes, des Allmächtigen. Und er trägt an seinem Gewand und an seiner Hüfte den Namen geschrieben: «König der Könige und Herr der Herren» (Offb 19,12-16).

Das ist der verherrlichte Christus, der mit grossem Zorn zurückkehrt, um einem rebellischen Planeten Vergeltung zu bringen. Sieben Jahre lang feierte die Erdbevölkerung ihre Sünde und weigerte sich hartnäckig, Busse für ihre Bosheit zu tun (Offb 9,20-21). Im Gegenteil, aufgrund seiner Gerichte wurden sie noch wütender auf Gott, sie ballten die Fäuste und verfluchten und lästerten wiederholt seinen Namen (Offb 16,9.11.21). Das Herz der Menschheit ist so verdorben und von Sünde zerfressen, dass sie nun völlig vom Geist der gottlosen Generation Noahs erfüllt ist (vgl. 1Mo 6,3).

Mit der Sünde kommt aber auch grosse Verführung, und die von drei mächtigen Dämonen geköderten Armeen der Erde treffen sich bei Harmageddon, um gegen Gott selbst zu kämpfen (Offb 16,12-16). Offenbarung 16,14 gibt das als *den* Grund für ihr Zusammenkommen an. Sie haben auch dem Heer Jesu (also uns) den Krieg erklärt. Aber eine aus Menschen bestehende militärische Streitmacht, selbst wenn sie vom Teufel angetrieben wird, ist kein ebenbürtiger Gegner für die endlose Macht Jesu Christi, des Königs der Könige und Herrn der Herren.

So, wie Johannes die Szene beschreibt, ist sie nichts weniger als entsetzlich. Die Augen Jesu sind wie eine Feuerflamme (Offb 19,12), und sein Gewand ist mit Blut getränkt (19,13). Das bezieht sich möglicherweise auf die Vernichtung der Armeen des Antichristen bei Bozra (Jes 34,6; Jer 49,13-14). Aus seinem Mund kommt ein scharfes (langes) Schwert, was lediglich sein gesprochenes Wort ist (19,15). Während seines irdischen Dienstes sprach Christus oft Worte des Trostes und der Heilung. Aber hier werden seine Worte nur Gericht und Tod bringen. Er «tritt» auf sie, wie man Trauben in einer Weinpresse zertritt; er zerquetscht und zermalmt sie (19,15). Sein heiliger Zorn wird als der «Grimm und Zorn Gottes, des Allmächtigen» beschrieben (19,15). Dieser siegreiche Heerführer tötet alle bei Harmageddon versammelten Millionen von Soldaten. Ein Engel lädt die übrig gebliebenen Aasgeier auf der Erde ein, sich am Fleisch der frisch erschlagenen «Könige ... Heerführer und ... Starken» zu weiden, einschliesslich «der Kleinen als auch der Grossen!» (19,17-18). Und die Vögel füllen ihren Bauch mit deren Fleisch (19,21).

#8 | Was sagt uns die Rückkehr Jesu über ihn?

Das letzte Buch der Bibel wird ausdrücklich die «Offenbarung Jesu Christi» genannt und enthält die Enthüllung (Offenbarung) der Prophezeiungen, «was rasch geschehen soll» (Offb 1,1). Es ist ein Buch *von* und *über* Jesus. Und wir erfahren Dutzende von Wahrheiten über das Wesen und den Charakter Jesu, den Vater und den Heiligen Geist. Wie Johannes Jesus allein in Kapitel 1 beschreibt, reicht aus, das Bild von ihm tief in uns einzuprägen. Aber auch Kapitel 19 liefert uns wichtige Einsichten über ihn. Bei seiner triumphalen Rückkehr, die fraglos ein bis dato unerreichter Höhepunkt in der Menschheitsgeschichte sein wird, entdecken wir mehrere aufschlussreiche Wahrheiten über unseren Herrn.

Erstens sehen wir, wie er auf einem weissen Pferd sitzt, und das aus einem bestimmten Grund (19,11). Bei römischen Generälen war es Sitte, auf einem weissen Ross zu reiten, wenn sie von einem siegreichen Feldzug zurückkamen. Christus hat seinen bescheidenen Esel gegen ein mächtiges Kriegspferd eingetauscht. Das gibt ihn als siegreichen Führer zu erkennen, dem die «Heere des Himmels» folgen, inklusive seiner Braut (Offb 19,7-8), der Heiligen aus der Drangsalszeit (Offb 7,13-14), der alttestamentlichen Gläubigen (Jud 1,14; Dan 12,1-2) und der Engel (Mt 25,31).

Zweitens wird er «der Treue und der Wahrhaftige» genannt (Offb 19,11). Offenbarung 1,5 bezeichnet ihn als den «treuen Zeugen», und für die Gemeinde in Laodizea ist er «der treue und wahrhaftige

Zeuge» (3,14). Aber wem oder was gegenüber treu? Seinem Wort. In Matthäus 24,27-31 sagte Jesus seinen Jüngern, dass er eines Tages «mit grosser Kraft und Herrlichkeit» zurückkehren werde. Hier in Offenbarung 19 löst Jesus diese alte Verheissung ein. Das stimmt vollkommen mit seinem vertrauenswürdigen Charakter überein und sagt uns, dass wir uns darauf verlassen können, dass er auch jede andere gegebene Verheissung und Prophezeiung erfüllt, einschliesslich derjenigen in Offenbarung 6–19. Schliesslich ist er «die Wahrheit» (Joh 14,6).

Drittens ist er ein gerechter Richter, der Krieg führt (Offb 19,11). Das ist eine typische Beschreibung Jesu. Aber seine Tage als leidender Knecht sind vorbei. Bei seinem ersten Kommen wurde er dazu verurteilt, zwischen gottlosen Menschen zu sterben (Apg 2,23; 3,13-15). Hier aber kehrt er als Richter einer gottlosen Menschheit zurück. Dieses Gericht wird an seinen Augen («eine Feuerflamme»; 19,12) und seinem Mund deutlich («ein scharfes Schwert»; 19,15). Und mit seinem Wort wird er «die Heidenvölker ... schlagen», und «er tritt die Weinkelter des Grimmes und des Zornes Gottes, des Allmächtigen» (19,15). Die «vielen Kronen» auf seinem Haupt (19,12) sprechen von seiner königlichen Autorität, so zu handeln, und symbolisieren wahrscheinlich das Ergreifen der Macht und Autorität der Könige des Antichristen wie auch der Krone des Tieres, die er symbolisch auf einem weissen Pferd trug, als er am Anfang der Drangsalszeit auszog «als ein Sieger und um zu siegen» (6,2). Das ist ein Grund, weshalb Jesus hier «König der Könige und Herr der Herren» genannt wird (19,16).

Vom leidenden Erlöser zum siegreichen König!

Seine Souveränität über alle Dinge macht die Tatsache deutlich, dass an dieser Stelle nicht von einem einzigen Schuss auf ihn oder seine Armeen berichtet wird. Stattdessen spricht Jesus bloss ein Wort, und in einem Moment werden die feindlichen Armeen bei Harmageddon vernichtet (Offb 1,16; 14,20; 19,15.21; Jes 11,4; 63,1-4).

#9 Was passiert, nachdem Jesus seine Feinde besiegt hat?

Nachdem Jesus seine Feinde bei Harmageddon geschlagen hat, werden alle Vögel der Erde eingeladen, sich an ihren Leichnamen zu weiden (Offb 19,17-19). Der Antichrist und der falsche Prophet werden «ergriffen» und in den Feuersee geworfen (19,20). Uns wird nicht gesagt, ob diese zwei Männer von Christus oder einem Engel gepackt werden. Sie bekommen nicht die Möglichkeit, zu sterben, sondern werden lebendig in den furchtbaren Feuersee geworfen. So werden sie die ersten ewigen Bewohner dieses schrecklichen Ortes, wo sie «gepeinigt werden Tag und Nacht, von Ewigkeit zu Ewigkeit» (20,10).

Danach richtet der siegreiche Christus seine Aufmerksamkeit auf die weltweite Armee des Antichristen und vernichtet sie gnadenlos mit dem Schwert, das aus seinem Mund kommt (19,21). Was für eine entsetzliche Todesszene, die gleichzeitig blutig und glorreich ist. Es sollte uns mit Ehrfurcht erfüllen, wenn wir über den unerbittlichen Zorn des Lammes nachdenken. Es ist wirklich schrecklich, in die Hände des lebendigen Gottes zu fallen (Hebr 10,31). Über einen Menschen aus unserer heutigen Generation liesse sich sagen: «Die Gottesfurcht gilt nichts vor seinen

Augen!» (Ps 36,2; Röm 3,18). Und in der Drangsalszeit (und kurz davor) wird diese Pandemie der verhärteten Herzen exponentiell ansteigen, da sich die Menschheit wiederholt weigert, Busse zu tun, und Gott und seinen Sohn weiter hasst, verflucht und lästert (Röm 1,28-32; 2Tim 3,1-5; Offb 9,20-21; 16,10-11.21). Hier haben sie sich zum «Krieg» gegen Jesus Christus versammelt. Ihnen ist aber nicht bewusst, dass in Wirklichkeit er gekommen ist, um gegen *sie* Krieg zu führen!

Darauf folgt eine faszinierende, 75 Tage dauernde Übergangsphase zwischen dem Ende der Drangsalszeit und dem Beginn des Tausendjährigen Reiches (Dan 12,11-12).

Daniel nennt drei Zeiträume: 1260 Tage (9,27), 1290 Tage (12,11) und 1335 Tage (12,12). Bedenken Sie, die grosse Drangsal dauert 1260 Tage (dreieinhalb Jahre). Und doch schreibt Daniel: «Wohl dem, der ausharrt und 1335 Tage erreicht!» (12,12). Ziehen wir von diesen 1335 Tagen 1260 Tage ab, bleiben noch 75 Tage übrig. Welchen Zweck haben die zusätzlichen 30 und 45 Tage? Und was wird in diesem Zeitraum geschehen?

Das ähnelt der Zeitspanne zwischen der Wahl des amerikanischen Präsidenten (im November) und seiner feierlichen Amtseinführung (im Januar). In dieser Zeit werden mehrere wichtige Ereignisse stattfinden.

Erstens wird das Bild des Antichristen (Gräuel der Verwüstung) im wiederaufgebauten Tempel 30 Tage nach der Rückkehr Jesu entfernt (Dan 12,11). Daniel sagt, dass dieser Gräuel im Tempel 1290 Tage Bestand haben wird (30 Tage länger als die letzten dreieinhalb Jahre der Drangsalszeit, die insgesamt 1260 Tage beträgt). Innerhalb dieser 30 Tage wird der Tempel abgerissen und für das Tausendjährige Reich neu aufgebaut werden, da der Tempel der Drangsalszeit während der Kämpfe in Jerusalem oder durch die Rückkehr Jesu auf den Ölberg möglicherweise irreparabel beschädigt wurde (Jes 2,2-4; Hes 40–48; Hag 2,6-9; Sach 6,9-15).

Zweitens wird Jesus mit Israel ins Gericht gehen. Während des dreissigtägigen Zeitraums wird Israel gesammelt und gerichtet (Hes 20,33-38; Mt 24,31; 25,1-30). Auch sie werden in ihren irdischen Körpern in das Tausendjährige Reich eingehen.

Drittens wird Jesus die Heidenvölker richten. Das ist die Trennung der «Schafe von den Böcken» (Mt 25,31-46). Der Ort des Gerichts könnte der nun in zwei Hälften gespaltene Ölberg sein (Joe 4,2). Jesus wird jene Heiden beurteilen, deren Glaube an Gott darin sichtbar wurde, wie sie die Juden in der Drangsalszeit behandelt haben (die «Brüder und Schwestern» Jesu; Mt 25,40). Menschen ohne Glauben werden «in das ewige Feuer» geworfen (V. 41), während diejenigen zu seiner Rechten «aber in das ewige Leben» eingehen (V. 46). Diese Gläubigen erhalten noch keinen verherrlichten Körper, sondern kommen in ihrem sterblichen Zustand in das Tausendjährige Reich und werden letzten Endes auch sterben (Jes 65,20; Offb 20,5).

Viertens wird der Teufel gebunden und in den Abgrund geworfen werden (Offb 20,1-3).

Fünftens renoviert Gott einen verwüsteten Planeten. In den verbliebenen 45 Tagen wird er ihn als geeigneten Wohnort für das Tausendjährige Reich vorbereiten und das Land von den Toten bei

Harmageddon und den Folgen anderer Katastrophen befreien. Jesus könnte diese Zeit auch nutzen, um seine Regierung einzusetzen und uns unsere Aufgaben im Reich zuzuweisen (Jes 65,17-21; Dan 12,13).

Sechstens werden die Israel ursprünglich verheissenen Landesgrenzen (von Ägypten bis zum Euphrat) etabliert (1Mo 15,18).

Siebtens wird das Hochzeitsmahl des Lammes beginnen (Offb 19,7-9). Das wird eine Party wie keine zuvor!

Was auch immer in dieser Zeit sonst noch geschehen wird, wir können uns sicher sein, dass es von grosser Freude und Feierlichkeiten begleitet sein wird, da Christus zurückgekommen ist und seine Herrschaft antritt!

#10 Warum wird der Teufel am Ende der Drangsalszeit in Ketten gelegt, statt ewig bestraft zu werden?

Zu den schwierigsten Fragen, die Menschen stellen, gehören: Warum lässt Gott es zu, dass das Böse existiert, und warum gestattet er es, dass es schon so lange um sich greift? Wenn der Antichrist und der falsche Prophet in den Feuersee geworfen werden und Satans böse Strategien ein Ende gefunden haben, warum wird er dann in Ketten gelegt? Warum kommt er nicht einfach in den Feuersee, und das war's dann? Da wir wissen, dass der Teufel wie ein Löwe mit einem unstillbaren Hunger auf das Böse ist, wäre es da nicht sinnvoller, ihn seiner ewigen Strafe zuzuführen?

Obgleich wir diese Fragen in Kapitel 9 («Das buchstäbliche Tausendjährige Reich») noch viel ausführlicher besprechen werden, wollen wir jetzt schon einmal schauen, was die Heilige Schrift darüber sagt, was geschehen wird:

> Und ich sah einen Engel aus dem Himmel herabsteigen, der hatte den Schlüssel des Abgrundes und eine grosse Kette in seiner Hand. Und er ergriff den Drachen, die alte Schlange, die der Teufel und der Satan ist, und band ihn für tausend Jahre und warf ihn in den Abgrund und schloss ihn ein und versiegelte über ihm, damit er die Völker nicht mehr verführen kann, bis die tausend Jahre vollendet sind. Und nach diesen muss er für kurze Zeit losgelassen werden (Offb 20,1-3).

Das an dieser Stelle mit «band» übersetzte griechische Wort bedeutet «festbinden» oder «in Ketten legen». Und beachten Sie auch, dass Gott nicht selbst den Drachen bindet, sondern es von einem Engel ausführen lässt. Das verrät uns, dass der Teufel nicht der stärkste aller Engel ist, andere können ihn unterwerfen (vgl. Offb 12,7-9). Der Engel ergreift den Drachen, kontrolliert ihn, legt ihn in Ketten und wirft ihn in den Abgrund. Das mit

«Kette» übersetzte griechische Wort wird an anderen Stellen in der Schrift für buchstäbliche Ketten verwendet (Mk 5,3-4; Apg 12,7; 28,20; 2Tim 1,16). Wie wir bereits gesehen haben, halten sich in diesem Abgrund gefangene Dämonen auf.

Man sollte meinen, dass es ausreicht, den Satan in den Abgrund zu werfen und den Eingang zu versiegeln, um ihn dauerhaft wegzusperren. Er ist aber auch noch in eine grosse Kette gewickelt, was andeutet, dass seine Macht, sein Einfluss und seine Aktivität selbst an diesem Ort der Dämonen sehr eingeschränkt sein werden und er schliesslich ohnmächtig ist.

Gott hat offenbar eine Absicht damit, dass er den Teufel hier festhält, statt ihn gleich zu vernichten. Ein Ziel ist es, dass er ihn noch gebrauchen will, um seine Gerechtigkeit und Herrlichkeit zu zeigen, wie wir am Ende des Tausendjährigen Reiches sehen werden. Und weil Gott noch nicht fertig ist mit ihm, muss er ihn handlungsunfähig machen, während Jesus die Nationen richtet, die Erde vorbereitet und die Regierung seines irdischen Reiches einsetzt. Wenn die 75-tägige Übergangszeit zwischen Drangsal und dem Tausendjährigen Reich erst einmal um ist, muss der Teufel weiterhin gebunden bleiben, damit wir uns alle an einer schönen und gerechten Welt erfreuen können, in der Jesus allein als König herrscht.

Heute ist der Teufel noch nicht gebunden. Vielmehr dirigiert er aktiv das Böse auf der Erde und im geistlichen Bereich (Eph 2,1-2). Einige Christen glauben heute an eine Praktik, die bekannt ist als das «Binden des Satans» durch Gebet oder eine Art Erklärung. Dieses Vorgehen wird jedoch an keiner Stelle der Bibel erwähnt oder gelehrt. Christen besitzen auch nicht die Macht, den Teufel mittels einer Wort-des-Glaubens-Erklärung zu binden. Wäre das der Fall, könnten ihn Hunderte Millionen von Christen auf der ganzen Welt lediglich durch ihre Worte gebunden halten. Uns wird aber gesagt: «Widersteht dem Teufel, so flieht er von euch» (Jak 4,7). Wie bei unserem Herrn verschwindet er jedoch nur «eine Zeit lang» (Lk 4,13).

KAPITEL 9

Das buchstäbliche Tausendjährige Reich

#1 | Ist das Reich Gottes schon hier?

Das Reich Gottes zieht sich als Thema durch die ganze Heilige Schrift. König David betete: «Dein, o HERR, ist die Majestät und die Gewalt und die Herrlichkeit und der Glanz und der Ruhm! Denn alles, was im Himmel und auf Erden ist, das ist dein. Dein, o HERR, ist das Reich, und du bist als Haupt über alles erhaben!» (1Chr 29,11).

Er wiederholte dieses Thema in den Psalmen:

- «Der HERR ist König immer und ewig» (Ps 10,16).

- «Der HERR regiert als König! ... Dein Thron steht fest von Anbeginn» (Ps 93,1.2).
- «Sagt unter den Heiden: Der HERR regiert als König!» (Ps 96,10).

Wenn das aber alles wahr ist, warum scheint die Welt dann so ausser Kontrolle geraten zu sein? Warum gibt es so viel Chaos, Katastrophen und Leid? Wenn Gott König ist und dies sein Reich, warum fühlt es sich dann so an, als wäre niemand auf dem Thron?

Einige christliche Überlieferungen und Denominationen glauben, dass Gottes Reich schon hier ist. Sowohl Johannes der Täufer als auch Jesus riefen: «Tut Busse, denn das Reich der Himmel ist nahe herbeigekommen!» (Mt 3,2; 4,17). Und später verkündete Jesus: «Denn siehe, das Reich Gottes ist mitten unter euch» (Lk 17,21). In der Heiligen Schrift steht aber auch, dass die Gläubigen eines Tages mit Christus «auf Erden herrschen werden» (Offb 3,21; 5,10; 20,4-6; 22,5).

Was ist nun richtig? Ist das Reich bereits hier? Oder kommt es noch? Die Antwort auf beide Fragen lautet Ja.

Wenn in der Bibel «Reich Gottes» steht, ist damit seine Souveränität oder Herrschaft gemeint über alles, was existiert. Seit der vergangenen Ewigkeit war Gottes Herrschaft immer absolut. Und bevor er das Universum schuf, regierte er im Himmel.

Doch die rechtmässige Herrschaft des Herrn über seine Schöpfung wurde im Garten Eden und in den mit Sünde belasteten Tagen Noahs herausgefordert. Jedes Mal reagierte Gott mit Gericht und Gnade (1Mo 3; 6–9). Letzten Endes nahm er den Plan mit seinem Reich durch eine spezielle Vereinbarung mit dem jüdischen Volk (Israel) wieder auf. Diese Beziehung basierte auf Verheissungen (oder Bündnissen), die er Abraham (1Mo 12,1-3; 15,1-21) und David gab (2Sam 7,8-16).

Zur rechten Zeit sandte er seinen Sohn als ihren Messias. Jesus kam und stellte sich dem jüdischen Volk als sein gerechter König vor. Aus diesem Grund sagten sowohl Jesus als auch Johannes der Täufer, dass das Reich Gottes «nahe» und «mitten unter euch» ist. Doch statt den Sohn Gottes als ihren prophezeiten König anzunehmen, lehnte Israel ihn und sein Angebot des Reiches ab (Mt 12,25-28; 21,42-44; Joh 1,11). Als Folge musste die lang erwartete Erfüllung des verheissenen Reiches Gottes auf einen späteren Zeitpunkt verschoben werden. Das ganze Zeitalter der Gemeinde und die Drangsalszeit werden der Vergangenheit angehören, bevor zukünftige Aspekte des Reiches Gottes für Israel realisiert werden (Jes 60; Röm 11,25-27). Das ist das Reich, für das Sie im «Vaterunser» beten.

Wenn das die Errichtung seiner kommenden Herrschaft ist, inwiefern kann dann gesagt werden, dass sein Reich hier und jetzt ist? Und wie können wir daran teilhaben?

Obschon der Teufel «der Gott dieser Weltzeit» genannt wird, ist Gottes Herrschaft über die Erde, die Völker und das Universum nach wie vor absolut (Ps 47,9; 93; Jes 40,12-26; 2Kor 4,3-4). Bei seiner Rückkehr wird Jesus die Herrschaft des Teufels offiziell beenden. Zweitens regiert Gott auch als König in den Herzen der Gläubigen und in der Gemeinde, deren Haupt er ist (Mt 6,33; Apg 28,30-31; 2Kor 5,20; Kol 1,18; 1Petr 3,15). Auf der Erde leben wir Christen unter der Herrschaft (im Reich) Christi, der uns aus dem Herrschaftsbereich der Finsternis befreit hat (Kol 1,13-14). Wenn wir ihn täglich als König anerkennen, können wir ein Leben führen, das seines Reiches würdig ist (1Thess 2,13-14).

DAS REICH GOTTES
... IST JETZT.
... IST IMMER GEWESEN.
... KOMMT.

Ob in der Vergangenheit bei Israel, in der Gegenwart durch die Gemeinde oder in der Zukunft durch die Herrschaft Christi und die Wiederaufrichtung des Thrones Davids, das Reich Gottes kennt viele Ausdrucksformen. Und dennoch bleibt er in allen der unumstössliche Herrscher des Universums. Jetzt und hier.

#2 Warum wird es ein Tausendjähriges Reich geben?

Nach dem zweiten Kommen Jesu könnte Gott uns eigentlich direkt in den Himmel und die Ewigkeit aufnehmen. Warum plant er also, ein irdisches Reich aufzurichten? Was steckt dahinter? Im Grunde gibt es mehrere Absichten, und viele von ihnen haben damit zu tun, dass Gott seine Verheissungen an Israel hält. Erstens ist der Hauptgrund für das Tausendjährige Reich, Jesus das zu geben, was rechtmässig ihm zusteht – die Herrschaft über alles (Ps 2,7-8; Kol 1,15-18; Hebr 1,1-2).

Zweitens wird Gott im Tausendjährigen Reich alle seine Verheissungen erfüllen, die er Abraham hinsichtlich der Segnung seines Samens und des ursprünglichen Landes für Israel gegeben hat (1Mo 12,2-3; 15,18-21). Ihr Landbesitz sollte sich erstrecken vom Nil in Ägypten bis zum Euphrat (1Mo 15,18) und vom Berg Hor bis nach Hazar-Enan (4Mo 34,7-9). Und was ist an dieser Verheissung so bedeutend? In 1. Mose 13,14-15 finden wir die Antwort:

> Der HERR aber sprach zu Abram, nachdem sich Lot von ihm getrennt hatte: Hebe doch deine Augen auf und schaue von dem Ort, wo du wohnst, nach Norden, Süden, Osten und Westen! Denn das ganze Land, das du siehst, *will ich dir und deinem Samen geben auf ewig* (s. auch 1Mo 13,17; 15,7; 2Chr 20,7; Apg 7,5; Hervorhebung durch die Autoren).

Gottes Abkommen mit Abraham und seinen Nachkommen ist als «ewiger Bund» gedacht; dieser sagt, ihnen gehört «das ganze Land Kanaan, und ich will ihr Gott sein» (1Mo 17,7-8). Das war die Aufrichtung eines ebenso dauerhaften wie bedingungslosen Bundes. Diesen Besitz garantierte Gott Abrahams Bundesnachkommen, Israel.

Historische Aufzeichnungen machen deutlich, dass Israel nie im Besitz dieser biblischen Grenzen war, weder nach Josuas anfänglicher Eroberung noch während Salomos ausgedehnter Herrschaft (1Kö 5,1-4). Wenn sie diese Landesgrenzen also nie besessen haben, dann müssen sie eine zukünftige prophetische Realität sein und im zukünftigen Tausendjährigen Reich erfüllt werden.

Drittens hat Gott verheissen, dass der Messias für ewig auf dem Thron Davids regieren und seine Herrschaft kein Ende haben wird (2Sam 7,10-16; 1Chr 17,11-14; 2Chr 6,14-17; Jes 9,5-6;

11,1). Schliesslich wird die Verheissung des neuen Bundes (dass Israel Gott mit seinem ganzen Herzen sucht) auch im Tausendjährigen Reich erfüllt (Ps 72,8; Jer 31,31-34; 32,35-40; Hes 11,18-20; 16,60-63; 37,24-28; Dan 7,13-14; Sach 9,10; Röm 11,25-29).

In Matthäus 4,8-10 und Lukas 4,5-8 bot der Teufel Jesus alle Reiche dieser Welt an, einschliesslich der mit ihnen verbundenen Herrlichkeit. Christus lehnte das Angebot ab, weil er wusste, dass es dumm war, irgendjemand anderes anzubeten als den wahren Gott (5Mo 6,13-15). Ihm war aber auch klar, dass die Reiche dieser Welt eines Tages rechtmässig ihm gehören werden (Offb 11,15). Im Tausendjährigen Reich wird Gott sein Volk aus allen Zeitaltern für seinen treuen Dienst für ihn belohnen. In dieser Zeit wird auch die Schöpfung wiederhergestellt werden. Mehr dazu finden Sie in den nachfolgenden Fragen 6–8.

#3 | Wer wird im Tausendjährigen Reich leben?

Das Reich Christi werden viele Menschen bevölkern, die so verschieden sind wie die Menschheit selbst. Darunter befinden sich Stellvertreter «aus allen Stämmen und Sprachen und Völkern und Nationen» (Offb 5,9-10; 7,9). So gross ist die Gnade Gottes. In Matthäus 7,13-14 stellt Jesus den breiten Weg dem schmalen gegenüber, den letzten Endes nur «wenige» finden werden. Verglichen mit den restlichen Milliarden Menschen sind echte Gläubige zwar in der Minderheit, aber diese «wenigen» sind dennoch viel mehr, als wir meinen. Zu den Menschen, die im Tausendjährigen Reich leben werden, zählen:

Alttestamentliche Gläubige. Sie werden auferweckt und bekommen einen Herrlichkeitsleib, mit dem sie in das Tausendjährige Reich eingehen können (Jes 26,19; Dan 12,2). Es ist dasselbe Reich, das ihnen im Alten Testament verheissen und später von Jesus bei seinem ersten Kommen angeboten wurde (Mt 3,1-2; 4,17).

Gläubige aus der Drangsalszeit (Juden und Nichtjuden). Diese Gruppe besteht aus denen, die in dieser Zeit gestorben sind oder den Märtyrertod erlitten haben. Auch sie werden auferweckt, um mit Christus in seinem Tausendjährigen Reich zu herrschen (Offb 20,4).

Gläubige aus der Drangsalszeit (Juden und Nichtjuden), die zur Zeit des zweiten Kommens Jesu leben (Sach 12,10; Mt 25,31-46). Sie werden ins Tausendjährige Reich kommen und in dieser neuen Umgebung deutlich länger leben (Jes 65,20-25; Hes 34,25-28; Sach 14,10-11). Diese Christen aus der Drangsalszeit, die beim Eintritt ins Tausendjährige Reich noch keinen verherrlichten Körper haben, da sie weder gestorben noch entrückt worden sind, umfassen sowohl Juden als auch Nichtjuden. Im Gegensatz zu denen, die bereits einen himmlischen Körper bekommen haben, werden sie in der Lage sein, zu heiraten und sich zu vermehren (Jer 30,20; Hes 47,21-23; Sach 10,8; Mt 22,30).

Die Braut Christi (die Gemeinde). Sie besteht aus den Menschen, die von der Geburtsstunde der Gemeinde (Apg 2) bis zur Entrückung (Joh 14,1-3; 1Thess 4,13-18) errettet worden sind. Da sie vor «dem zukünftigen Zorn» verschont wurde (Drangsal; Offb 6–18), wird die Gemeinde beim zweiten Kommen Jesu mit ihm aus dem Himmel zurückkommen und hinter ihm auf weissen Pferden reiten (Offb 19,8.14).

Adam, Abraham, David, Salomo, Elia und die Propheten, Johannes der Täufer, Maria, die Apostel, Paulus und all jene, die Jesus in all den Jahrhunderten vertraut haben, werden dort sein. Sie fragen sich möglicherweise, ob wir einander an diesem Tag erkennen werden, und die Antwort lautet Ja! Wir werden alle in ihm vereint sein und uns gegenseitig erkennen (Mt 17,1-4).

Im REICH CHRISTI werden sich Stellvertreter aus allen Stämmen und Sprachen und Völkern und Nationen befinden (Offb 5,9; 7,9).

#4 Wird es im Tausendjährigen Reich Sünde geben?

Zusammen mit Frage 10 am Ende des Kapitels ist diese möglicherweise die schwierigste aller hundert Fragen in diesem Buch. Und die Erklärung wird die Spannung in uns nicht unbedingt reduzieren. Nichtsdestotrotz, die kurze Antwort ist, dass es im Tausendjährigen Reich noch Sünde geben wird. Das wirft jedoch sofort zwei weitere Fragen auf: Wie kann es dort Sünde geben? Und warum lässt Jesus das zu?

Die Frage nach dem *Wie* lässt sich um einiges leichter ansprechen als die nach dem *Warum*. In Frage 3 haben wir erfahren, dass die Christen aus der Drangsalszeit, die beim zweiten Kommen Christi noch leben, direkt ins Tausendjährige Reich übergehen. Was ihren Körper und ihre Beziehung zu Gott angeht, ähneln sie uns heute – sie sind errettet, leben aber nach wie vor in ihrem sterblichen Körper. Deswegen sind sie empfänglich für die Begierden ihrer sündigen Natur, die noch immer in ihnen ist

(Jer 17,9; Röm 7,18; Gal 5,16-21). Wie wir *müssen* sie nicht sündigen, unweigerlich tun sie es aber dennoch.

Drei Dinge sollten wir im Auge behalten:

1. Ihr äusserliches Verhalten im Tausendjährigen Reich wird von den sündlosen Erlösten, mit denen sie Umgang pflegen, wahrscheinlich ein Stück weit (wenn auch nicht vollständig) beeinflusst werden, eine Art «gottesfürchtiger, sozialer Druck im Reich Gottes».
2. Sündiges Verhalten wird aber auch durch die Gegenwart Christi auf seinem Thron in Schranken gehalten (Hes 37,27-28; Sach 2,14-17). Offensichtliches Sündigen ist in der Nähe Jesu nur schwer vorstellbar, und doch wird es zweifellos so sein. Wir alle werden ständig «in seiner Gegenwart» sein, denn Jerusalem wird bezeichnet als Jahweh-Schamma («Der HERR ist hier!»; Hes 48,35).
3. Die gerechte Herrschaft Christi wird sicherstellen, dass Sünde und Ungehorsam umgehend mit göttlicher Zucht und Gerechtigkeit beantwortet werden (Jes 9,6; 11,5; 32,16; 42,1-4; 65,21-23).

Auf die Frage, warum Jesus das in seinem Reich gestattet, gibt die Schrift keine eindeutige Antwort. Diese Tatsache lehrt uns aber zwei wichtige Dinge: Erstens können Menschen selbst unter perfekten Umständen und in der Gegenwart Jesu sündigen. Das betont nur, wie sehr wir verdorben sind, und erklärt, warum Jeremia schrieb: «Überaus trügerisch ist das Herz und bösartig; wer kann es ergründen?» (Jer 17,9). Zweitens macht

es auch deutlich, wie empfänglich wir für die Versuchungen des Teufels sind, auch wenn wir in einem alternativen Reich voller Liebe und Gerechtigkeit leben.

#5 Wie wird die Anbetung im Tausendjährigen Reich aussehen?

Ein Aspekt der tausendjährigen Herrschaft Jesu wird eine uneingeschränkte Anbetung und Verehrung sein (Jes 45,23; 52,1.7-10; 66,18-23; Zef 3,9-10; Sach 13,2; 14,16; Mal 1,11). In der Heiligen Schrift wird deutlich gemacht, dass unsere Anbetung zentral in Jerusalem stattfinden wird, in einem wiederaufgebauten Tempel (Hes 40,1-46). Auch Tieropfer wird es geben (Jes 56,6-7; 60,7; Hes 43,18-27; Sach 14,16-21). Aber warum? Warum wird es *wieder* einen Tempel und Tieropfer geben? Gehört das nicht zum alten Bund und zum alttestamentlichen Opfersystem, die Christus am Kreuz abgeschafft hat? Was ist mit Hebräer 9,11-12?

> Als aber der Christus kam als ein Hoherpriester der zukünftigen [Heils-]Güter, ist er durch das grössere und vollkommenere Zelt, das nicht mit Händen gemacht, das heisst nicht von dieser Schöpfung ist, auch nicht mit dem Blut von Böcken und Kälbern, sondern mit seinem eigenen Blut ein für alle Mal in das Heiligtum eingegangen und hat eine ewige Erlösung erlangt.

Und heisst es in Hebräer 10,4 nicht «Denn unmöglich kann das Blut von Stieren und Böcken Sünden hinwegnehmen!»? Definitiv. Warum also wieder ein Tempel und Opfer?

Dieser vierte Tempel und seine Opfer sind weder eine Wiedereinsetzung des mosaischen Gesetzes noch ein Ersatz für das kostbare, vollumfängliche und ewige Opfer Christi, das er «ein für alle Mal» für uns gebracht hat (Hebr 7,27). Vielmehr ist es möglich, dass die Opfer als Erinnerung und symbolisches Denkmal für den Tod Christi an unserer Stelle dienen – ähnlich wie das Mahl des Herrn für uns heute. Rein symbolisch. *Nicht* heilsbringend.

Hesekiel sagt allerdings, dass diese Opfer zur «Sühnung» dienen. Dieses in Hesekiel 40–48 verwendete Wort bezieht sich allerdings auf eine «zeremonielle Reinigung oder Weihe des Tempels oder Altars».[23]

Mark Hitchcock schreibt dazu: «Eine bessere Erklärung ist, dass diese Opfer zur rituellen Reinigung dienen. Während des Tausendjährigen Reiches wird auf der Erde ein heiliger Gott inmitten sündiger Menschen wohnen ... die natürliche, nicht verherrlichte Körper haben. Die Opfer bewahren diese Anbeter davor, den heiligen Tempel Gottes zu entweihen, wenn sie zu seiner Anbetung kommen. Es ist eine Frage ritueller Reinigung.»[24]

Im Tausendjährigen Reich wird unsere Anbetung ungehindert sein und sich von dem unterscheiden, was wir sieben kurze Jahre im Himmel genossen haben (während der Drangsalszeit). Wie Jesaja sagte: «Alles Fleisch wird sich einfinden, um vor mir anzubeten, spricht der HERR» (Jes 66,23). Unsere Gemeinschaft

23 Ralph Alexander, «Ezekiel», *The Expositor's Bible Commentary*, Bd. 6, Frank E. Gaebelein, Hrsg. (Grand Rapids, MI: Zondervan, 1986), S. 952.

24 Mark Hitchcock, *The End* (Carol Stream, IL: Tyndale, 2012), S. 427.

mit allen Heiligen wird sicht- und greifbar und eine multisensorische Erfahrung sein, wenn wir seinen Tempel betreten und sein Reich geniessen. Und unser Lob wird die ganze Erde erfüllen.

#6 Welche Funktionen werden wir im Tausendjährigen Reich einnehmen?

Die Heilige Schrift gibt uns mehrere Hinweise auf unsere Privilegien, Verantwortlichkeiten und unsere Beziehung zu Gott in dieser Zeit. Erstens werden wir mit Christus *regieren*. Daniel prophezeite über die letzten Tage:

> Aber die Heiligen des Allerhöchsten werden die Königsherrschaft empfangen, und sie werden die Königsherrschaft bis in Ewigkeit behalten, ja, bis in alle Ewigkeit! ... bis der Hochbetagte kam und den Heiligen des Allerhöchsten das Gericht übergab und die Zeit eintrat, dass die Heiligen das Reich in Besitz nahmen. ... Aber das Königreich, die Herrschaft und die Macht über die Königreiche unter dem ganzen Himmel wird dem Volk der Heiligen des Allerhöchsten gegeben werden; sein Reich ist ein ewiges Reich, und alle Mächte werden ihm dienen und gehorchen! (Dan 7,18.22.27).

Johannes erhielt ebenfalls Informationen über unsere zukünftige tausendjährige Herrschaft: «Und ich sah Throne, und sie setzten sich darauf, und das Gericht wurde ihnen übergeben. ... Glückselig und heilig ist, wer Anteil hat an der ersten

Auferstehung! Über diese hat der zweite Tod keine Macht, sondern sie werden Priester Gottes und des Christus sein und mit ihm regieren tausend Jahre» (Offb 20,4.6).

Diese Mitherrschaft mit Jesus ist vielleicht schwer zu begreifen. Doch in der Heiligen Schrift wird uns mitgeteilt, dass Folgendes dazugehört:

Über Engel richten (1Kor 6,1-3). Da Gott selbst die gefallenen Engel richten wird (2Petr 2,4; Jud 1,6), muss sich das auf die gottesfürchtigen Engel beziehen. Das Wort *richten* meint hier wahrscheinlich, über sie zu herrschen. Engel haben bereits die Aufgabe, den Gläubigen zu dienen (Hebr 1,14), anscheinend wird diese Verantwortung auch im Tausendjährigen Reich ihre Fortsetzung finden, wo sie uns weiterhin dienen.

Über Städte (Lk 19,11-26) und sogar Völker herrschen (Offb 2,26-28). Der Schrift zufolge wird das Mass unseres Regierens von unserem Gehorsam und unserer Treue in diesem Leben bestimmt.

Deshalb hat unsere Treue heute grossen Einfluss auf unseren zukünftigen Lohn.

#7 Wie wird sich im Tausendjährigen Reich die Umwelt verändern?

Die Beschaffenheit der Erde wird sich in der siebenjährigen Drangsalszeit radikal verändern. Infolge von verheerenden Katastrophen und kosmischen Störungen wird die Landschaft umgestaltet und die Erde praktisch unbewohnbar sein. Stellen Sie sich nur die Langzeitfolgen dieser Ereignisse vor: weltumspannende Kriege (Offb 6,3-4), Milliarden Tote (Offb 6,8; 9,18), gewaltige, wiederkehrende Erdbeben (Offb 6,12-14; 8,5; 16,18-19), Verschmutzung der Flüsse und Meere (Offb 8,8; 16,4), Zerstörung durch Meteore und Asteroiden (Offb 6,13; 8,10), ein Drittel der Bäume und alles grüne Gras verbrennen (Offb 8,7), weitreichende Verschmutzung durch Kriege und potenzielle nukleare Strahlung (Offb 6,4.8) und zahlreiche Vulkanausbrüche infolge von Erdbeben (Offb 6,12).

Das alles zusammen wird unseren Planeten zweifelsohne zu einem wenig wünschenswerten Ort zum Leben machen. Ungeachtet der gegenwärtigen Besessenheit und des weltweiten Geredes vom Klimawandel kommt es ironischerweise dazu, dass Gott selbst verantwortlich sein wird für eine dramatische Umgestaltung der Landschaft, eine veränderte Erdatmosphäre und eine Bedrohung für die Erhaltung unseres Planeten. Für jene, die sich mit ihrer Energie, Ideologie und ihren Finanzen der Klimatheorie verschrieben haben, wird es das schlimmste Albtraumszenario sein. Ja, der Klimawandel *kommt* tatsächlich ... und zwar ungebremst! Er ist unausweichlich und wird vom Schöpfer selbst initiiert.

Glücklicherweise enthält Gottes Plan auch eine Erneuerung der Topografie und der Atmosphäre, um die Erde im Tausendjährigen Reich wieder passender für uns zu gestalten. Aus der Heiligen Schrift erfahren wir, dass Jerusalem die Hauptstadt der Welt und des Reiches Christi sein wird (Jes 2,3). Dort wird es keinen Krieg geben, der die Menschheit oder die Erde zerstört (Jes 2,4). In den Wüsten werden Blumen gedeihen, und statt Hungersnot und Trockenheit wird es reichlich Regen und Nahrung geben (Jes 30,23-24; 35,1-7). Wie bereits erwähnt, wird der Herr die 75-tägige Übergangszeit zwischen seinem zweiten Kommen und dem Beginn des Reiches nutzen, um die Erde von Grund auf zu erneuern und in den ursprünglichen Schöpfungszustand zu versetzen. In 1. Mose 1,31 lesen wir, dass am Ende der sechstägigen Schöpfung alles «sehr gut» war. Der Garten Eden war ein Paradies, und die Menschheit durfte in einer Welt leben, die ökologisch und theologisch vollkommen war. Dieser Tag wird wieder kommen!

In den Wüsten werden Blumen gedeihen, und statt Hungersnot undTrockenheit wird es reichlich Regen und Nahrung geben (Jes 30,23-24; 35,1-7).

Auch die Berge, die zu einer Ebene geworden sind, wird Gott wiederherstellen, während er gleichzeitig das Gebiet um Jerusalem herum zu einer riesigen Ebene macht, über die sich die Stadt selbst wie ein Edelstein erhebt (Mi 4,1; Sach 14,9-10; Offb 16,20). Schon heute sehnt sich der ganze Planet nach Erlösung und Wiederherstellung in seinen ursprünglichen Zustand, da sich

der Eintritt der Sünde in die Welt auf die ganze Schöpfung negativ ausgewirkt hat (1Mo 3,17-19; Röm 8,20-22). Aber an diesem Tag wird Gott die Schönheit und Herrlichkeit aller Dinge wiederherstellen, so wie Adam und Eva sie einst erlebten.

#8 Wie werden sich die Tiere im Tausendjährigen Reich verändern?

Eine der uns am häufigsten gestellten Fragen ist seltsamerweise, ob wir unsere Haustiere im Himmel wiedersehen werden. Die Schrift spricht nicht direkt über den ewigen Zustand von Haustieren. Aber eines wissen wir mit Sicherheit: Im Gegensatz zu den Menschen wurden Tiere nicht im Bild Gottes geschaffen (1Mo 1,26-27). Obschon sie uns lieb und teuer sind und wir uns um sie sorgen, haben sie keine Seele, und Christus hat am Kreuz nicht ihr ewiges Leben erkauft. Die Bibel sagt auch nichts darüber, dass Tiere auferstehen, verherrlicht werden oder einen neuen himmlischen Körper bekommen. Somit gibt es nicht ausreichend Hinweise darauf, dass im Tausendjährigen Reich Milliarden von Haustieren (Hunde, Katzen, Goldfische, Hamster, Vögel, Schlangen) aus der ganzen Menschheitsgeschichte auf ihre Besitzer warten.

Obwohl das stimmt, gibt es auch gute Nachrichten: Die Bibel verrät uns, dass es im zukünftigen Reich Christi sehr wohl Tiere geben wird. Sie werden denen ähnlich sein, die Gott ursprünglich geschaffen hat und denen Adam im Garten Eden Namen gab (1Mo 1,20-25; 2,19-20). Aber wie werden diese Tiere sein? Fürs Erste: Sie werden keine Folgen der Sünde in sich tragen. Als Adam sündigte, brach die Sünde los und beeinflusste und verunreinigte alle lebenden Dinge (1Mo 3,14). Aus diesem Grund töten manche Tiere einander und sind dem Menschen gegenüber feindlich. Im Tausendjährigen Reich wird der auf dem Tierreich liegende Fluch aber aufgehoben sein. Frieden und Harmonie werden wieder die Oberhand gewinnen. Jesaja prophezeite:

> Da wird der Wolf bei dem Lämmlein wohnen
> und der Leopard sich bei dem Böcklein niederlegen.
> Das Kalb, der junge Löwe und das Mastvieh werden beieinander sein,
> und ein kleiner Knabe wird sie treiben.
> Die Kuh und die Bärin werden miteinander weiden
> und ihre Jungen zusammen lagern,
> und der Löwe wird Stroh fressen wie das Rind.
> Der Säugling wird spielen am Schlupfloch der Natter
> und der Entwöhnte seine Hand nach der Höhle der Otter ausstrecken (Jes 11,6-8).

Wir werden vor keinem Tier Angst haben müssen, denn auf der Erde wird kein «Raubtier» mehr leben (Jes 35,9; 65,25). Der Mensch wurde ursprünglich als Mitregent Gottes geschaffen, denn der Herr stellte das ganze Tierreich unter seine Herrschaft, samt Vögeln, wilden Tieren und allen Meereslebewesen (1Mo 1,26-28; Ps 8,4-9). Im Tausendjährigen Reich werden diese Herrschaft und unser Privileg wiederhergestellt. Möglicherweise können wir uns auch weiterhin des weissen Pferdes erfreuen, das uns bei seinem zweiten Kommen präsentiert wird (Offb 19,14).

#9 Wie wird die Regierung im Tausendjährigen Reich aussehen?

Keiner von uns hat jemals unter vollkommenen Bedingungen gelebt. Aber unter der Regierung Jesu wird sich das ändern.

Erstens ist es besonders wichtig, dass Christus König sein wird. Folglich werden Geist, Charakter und Handeln dieser Regierung sein göttliches Wesen widerspiegeln. Korrupte Politiker, parteiisches politisches Handeln und ruchlose Geschäfte gehören für immer der Vergangenheit an. An ihre Stelle treten Integrität, Gerechtigkeit und Ehre. Alle Urteile und Entscheidungen im Reich werden von Gottes Wesen gelenkt und von unvergleichlicher Weisheit, Gerechtigkeit und Fairness gekennzeichnet sein. Und statt Krieg gibt es Frieden (Ps 72; Jes 9,5-6; 11,1-5). Der Prophet Jesaja schreibt:

> Sodass sie ihre Schwerter zu Pflugscharen schmieden werden und ihre Speere zu Rebmessern;
> kein Volk wird gegen das andere das Schwert erheben,
> und sie werden den Krieg nicht mehr erlernen (Jes 2,4).

Zweitens wird das Reich Christi die ganze Erde umspannen (Ps 2,6-9; Dan 7,14), mit dem Hauptsitz in Jerusalem (Jes 2,2-4; Hes 48,30-35; Mi 4,1.6-8; Sach 8,1-3).[25]

Drittens wird die Regierung Jesu ewig bestehen (Jes 9,6; Dan 7,14.27).

---

25 An diesem Tag wird Jerusalem auch bezeichnet als «mein heiliger Berg» (Ps 2,6), «Berg meines Heiligtums» (Jes 11,9), «Thron des HERRN» (Jer 3,17), «Zion» und «Berg Zion» (Joe 4,16-17; Mi 4,7), «Spitze der Berge» (Mi 4,1) und «die Stadt der Wahrheit» (Sach 8,2-3).

Viertens wird es zum Leben unter seiner Herrschaft gehören, dass wir nie zuvor erfahrene geistliche Segnungen und Vorteile geniessen. Und *jeder* wird den Herrn an diesem Tag kennen (Jes 11,9). Der Prophet Jeremia beschreibt es so: «Sondern das ist der Bund, den ich mit dem Haus Israel nach jenen Tagen schliessen werde, spricht der HERR: Ich will mein Gesetz in ihr Innerstes hineinlegen und es auf ihre Herzen schreiben, und ich will ihr Gott sein, und sie sollen mein Volk sein; und es wird keiner mehr seinen Nächsten und keiner mehr seinen Bruder lehren und sagen: ‹Erkenne den HERRN!› Denn sie werden mich alle kennen, vom Kleinsten bis zum Grössten unter ihnen, spricht der HERR; denn ich werde ihre Missetat vergeben und an ihre Sünde nicht mehr gedenken!» (Jer 31,33-34).

Fünftens wird es keine Erkenntnislücken unter den Gläubigen geben, und jeder verherrlichte Heilige wird sich über eine vollständige geistliche Reife freuen können (Röm 8,29-30). Im Tausendjährigen Reich werden alle unsere Fragen beantwortet, da wir ständig Zugang zur Quelle der Erkenntnis und Weisheit haben. Alle unsere Zweifel gehören der Vergangenheit an. Und die Geheimnisse, die uns einst zu schaffen gemacht haben, werden letzten Endes offengelegt (5Mo 29,28; Dan 2,28). Wir werden «den Sinn des Herrn» haben (Jes 11,1-2.9; 54,13; 1Kor 2,16; 13,12).

Sechstens werden alle Heiligen ihn zusammen in Jerusalem anbeten (Hes 40–48; Jes 45,23; 52,1.7-10; 66,18-21; Zef 3,9; Sach 13,2; 14,16; Mal 1,11). Ausserdem wird es einen wiederaufgebauten Tempel geben (Jes 2,3; 60,13; Hes 43,1-9.18-27; Joe 4,18; Hag 2,7-9).[26]

26 Siehe Frage 5 hinsichtlich der Anbetung im Tausendjährigen Reich und einer Erklärung der Tieropfer in dieser Zeit.

Siebtens werden wir die Erstlinge des ewigen Lebens in der Gegenwart Gottes geniessen. Wir werden erfüllt sein mit Freude, Frieden, Heiligkeit, Gerechtigkeit und Gesundheit.[27] Im Tausendjährigen Reich werden noch viele weitere herrliche Überraschungen auf uns warten. Es wird ein Vorgeschmack auf die Dinge sein, die in der Ewigkeit auf uns zukommen – wie der Himmel auf Erden!

#10 Warum wird der Teufel am Ende des Tausendjährigen Reiches wieder losgelassen?

Nachdem er tausend Jahre in Ketten im Abgrund gehalten wurde, wird der Teufel freigelassen (Offb 20,1-3.7). In der Offenbarung bezieht sich dieser Abgrund stets auf ein vorübergehendes Gefängnis für die schlimmsten Dämonen (9,1-2.11; s. auch 1Mo 6,1-2; 1Petr 3,19-20; Jud 1,6). Dieser Ort wird von den dämonischen Scharen sehr gefürchtet. Und tausend Jahre lang ist der Teufel dort allein und kocht vor Hass auf Jesus Christus. Wann immer er besiegt oder bestraft wird, nimmt sein Zorn noch zu (Offb 12,7-9.12-13).

27 *Freude* – Jesaja 9,2; 12,3-6; 14,7-8; 25,8-9; 30,29; 42,1; Jeremia 30,18-19; Sacharja 8,19; 10,6-7; *Frieden* – Jesaja 2,4-9; 9,3-6; 11,6-9; Sacharja 9,10; *Heiligkeit* – Jesaja 4,3-4; 29,19; 35,8; 52,1; *Gerechtigkeit* – Jesaja 9,6; 11,1-5; 32,16; 42,1-4; 60,21; 65,21-66,8; Jeremia 31,23; Hesekiel 37,23-24; Zefanja 3,1.13; *Gesundheit* – Jesaja 29,18; 33,24; 35,5-6; 61,1-2; 65,20; Hesekiel 34,16.

Aus dem Abgrund freigelassen, rast der Teufel los, angetrieben von seiner ihm eigenen, mit Worten kaum zu beschreibenden Bosheit. Zusammen mit seinem Verlangen, zu herrschen und zu verführen, motiviert ihn sein Hass zu seiner letzten Strategie:

> Und wenn die tausend Jahre vollendet sind, wird der Satan aus seinem Gefängnis losgelassen werden, und er wird ausgehen, um die Heidenvölker zu verführen, die an den vier Enden der Erde leben, den Gog und den Magog, um sie zum Kampf zu versammeln, deren Zahl wie der Sand am Meer ist. Und sie zogen herauf auf die Fläche des Landes und umringten das Heerlager der Heiligen und die geliebte Stadt. Und es fiel Feuer von Gott aus dem Himmel herab und verzehrte sie (Offb 20,7-9).

Wer sind «Gog und Magog»? Mit Sicherheit ist nicht der Krieg von «Gog und Magog» aus Hesekiel 38–39 gemeint. Diese ebenfalls noch zukünftige Schlacht ist ein komplett anderes Ereignis, das irgendwann zwischen der nationalen und der geistlichen Wiedergeburt Israels stattfindet, «zur letzten Zeit», wenn in Israel «alle in Sicherheit wohnen» werden (Hes 37–40; 38,8.14.16). Und da es während des Tausendjährigen Reiches keine Kriege geben wird, muss er zu einem anderen Zeitpunkt stattfinden, höchstwahrscheinlich in den frühen Tagen der Drangsalszeit, gefolgt vom Friedensvertrag des Antichristen mit Israel (Dan 9,27).

Der Hinweis auf «Gog» in Offenbarung 20 beschreibt somit eine andere Person, die eine teuflische Armee anführt. Unter seinem Befehl stehen Massen von Menschen, die sich vom Teufel haben verführen lassen. Bedenken Sie, die aus der Drangsalszeit kommenden Erlösten haben nach wie vor ihren sterblichen Körper, und im Verlauf der tausend Jahre werden diesen Gläubigen Kinder und Kindeskinder geboren werden (Jes 65,20). Nur so lässt sich erklären, wie es in dieser Zeit massenweise nicht bekehrte Menschen geben kann.

Einige von ihnen verweigern die Errettung und schliessen sich der Rebellion des Satans an. Diese aus allen Ecken der Erde kommende Armee der Finsternis (Offb 20,8) wird Jerusalem umlagern mit der Absicht, es auszulöschen. Doch bevor sie ihren Angriff beginnen können, kommt Feuer vom Himmel herab, verzehrt sie und lässt keine Spur von ihnen zurück.

So bringt der letzte Aufstand des Teufels dasselbe Ergebnis wie seine vorherigen, nur mit einer noch schwereren und dauerhafteren Strafe. Der Teufel wird in den Feuersee geworfen, wo sich schon seit tausend Jahren der Antichrist und der falsche Prophet befinden (Offb 19,20). Dort «werden sie gepeinigt werden Tag und Nacht, von Ewigkeit zu Ewigkeit» (Offb 20,10).

DER LETZTE WIDERSTAND DES TEUFELS WIRD SCHNELL UND ENTSCHLOSSEN GERICHTET WERDEN.

Aber warum hat Gott ihn überhaupt freigelassen? Warum hat er ihn nicht direkt aus dem Abgrund in den Feuersee geworfen? Wir meinen, er wurde freigelassen, um sein unerlösbares Wesen und die tief im menschlichen Herzen verankerte Bosheit zu beweisen (Jer 17,9; Röm 3,10-12; 7,18). Schon bald werden die ehemaligen Diener des Teufels und die Dämonen ebenfalls dort landen (Mt 25,41; 2Petr 2,4; Jud 1,6). Der Teufel wird auch freigelassen, damit Gott allen zeigen kann, dass er jetzt ein für alle Mal mit der Sünde und den Sündern abgeschlossen hat. Unter Gottes geliebtem Volk wird es nie wieder einen Überrest des Bösen geben.

KAPITEL 10

Der ewige Zustand

#1 Warum spricht die Bibel von einer *ersten* und einer *zweiten* Auferstehung?

Johannes schreibt in Offenbarung 20,4-6:

> Und ich sah Throne, und sie setzten sich darauf, und das Gericht wurde ihnen übergeben; und ich sah die Seelen derer, die enthauptet worden waren um des Zeugnisses Jesu und um des Wortes Gottes willen, und die das Tier nicht angebetet hatten, noch sein Bild, und das Malzeichen weder auf ihre Stirn noch auf ihre Hand angenommen hatten; und sie wurden lebendig und regierten die tausend Jahre mit Christus. Die Übrigen der Toten aber wurden nicht wieder

> lebendig, bis die tausend Jahre vollendet waren. Dies ist die erste Auferstehung. Glückselig und heilig ist, wer Anteil hat an der ersten Auferstehung! Über diese hat der zweite Tod keine Macht, sondern sie werden Priester Gottes und des Christus sein und mit ihm regieren tausend Jahre.

Diese Verse erzählen von zwei verschiedenen Auferstehungen, von denen sich die erste direkt vor Beginn des Tausendjährigen Reiches ereignet. An dieser körperlichen Auferstehung nehmen die Märtyrer der Drangsalszeit teil. Da sie ihre Entscheidung für Christus vor der Entrückung aufgeschoben haben, bringt ihre später erfolgte Errettung hohe Kosten für sie mit sich, dazu zählen Hunger, Durst, Leiden unter den Gerichten der Drangsalszeit und letztlich ihr Kopf (Offb 7,16; 20,4).

Zu diesem Zeitpunkt werden auch die verstorbenen Gläubigen auferstehen und erhalten ihren verherrlichten Körper (Lk 14,14; Joh 5,29; Apg 24,15). Das ist die allen alttestamentlichen Heiligen versprochene «bessere Auferstehung» (Hebr 11,35). Alle, die Jahwe vertraut haben, von Adam über Abraham bis zum allerletzten Gläubigen vor der Zeit der Gemeinde (Apg 2), werden hier lebendig. Sie werden «glückselig» genannt, weil der zweite Tod (die ewige Strafe) keine Macht über sie hat und weil sie «Priester Gottes und des Christus sein und mit ihm tausend Jahre regieren» werden (Dan 12,2; Offb 20,6). Das ist ihre

letzte Verwandlung, die den physischen Aspekt ihrer Errettung abschliesst.

Die zweite im Text angedeutete Auferstehung findet am Ende des Tausendjährigen Reiches statt (Offb 20,5). Diese Auferstehung ist für das Gericht und umfasst alle Ungläubigen aus allen Zeitaltern.

#2 Was ist das (letzte) Gericht vor dem grossen weissen Thron?

Die möglicherweise erschreckendste Szene in der ganzen Bibel findet sich in Offenbarung 20,11-15, allgemein bekannt als das Gericht vor dem grossen weissen Thron. In den Versen 11-13 lesen wir:

> Und ich sah einen grossen weissen Thron und den, der darauf sass; vor seinem Angesicht flohen die Erde und der Himmel, und es wurde kein Platz für sie gefunden. Und ich sah die Toten, Kleine und Grosse, vor Gott stehen, und es wurden Bücher geöffnet, und ein anderes Buch wurde geöffnet, das ist das Buch des Lebens; und die Toten wurden gerichtet gemäss ihren Werken, entsprechend dem, was in den Büchern geschrieben stand. Und das Meer gab die Toten heraus, die in ihm waren, und der Tod und das Totenreich gaben die Toten heraus, die in ihnen waren; und sie wurden gerichtet, ein jeder nach seinen Werken.

Zuvor sind schon einige Menschen zum Leben und zur Herrlichkeit auferweckt worden, diese Personen hier werden aber aus dem Totenreich auferweckt, um am Ende des Tausendjährigen Reiches gerichtet zu werden (Offb 20,5). Dasselbe Wort, das für die Auferstehung der Gerechten verwendet wurde, kommt auch zum Einsatz, um die Auferstehung dieser Verdammten zu beschreiben. Das bedeutet, dass sie irgendeine Art von *physischem Körper* erhalten werden, in welchem sie ewig Gottes Zorn ertragen müssen.

Der Richter auf dem Thron ist der Herr Jesus Christus (Joh 5,22; Apg 10,42; Phil 2,8-11). Stellen Sie sich die Szene vor: Vor ihm sind alle Ungläubigen aus allen Zeitaltern versammelt (Offb 20,12). Jeder, der an diesem Gericht teilnimmt, würde sich gerne in Sicherheit bringen, kann es aber nicht mehr (20,11). «Bücher» werden geöffnet, eines enthält ihre bösen Taten (20,12-13), und ein anderes ist das «Buch des Lebens». Jeder steht allein vor dem Richter Jesus. Alle sündigen Gedanken, Worte, Handlungen und Motive sind dem obersten Gericht des Himmels bekannt (Jer 17,10; Mt 12,36-37; Röm 2,9.14-16). Jedes Mal, wenn ein Mensch die Wahrheit Jesu und sein Heilsangebot ignoriert, abweist oder sich darüber lustig macht, wird das registriert. Sie sind vollkommen ohne Verteidigung oder Entschuldigung.

Vor diesem höchsten Gericht des Himmels gibt es kein Berufungsverfahren und keinen Verteidiger, da die Person, die sie hätte verteidigen können, jetzt ihr Richter ist (1Joh 2,1). Sie alle verstummen jetzt vor Gott, da sie bereits im Totenreich bereut haben, dass sie Jesus Christus in ihrem Leben abgelehnt hatten. Das ist Beweisstück A.

Dann wird Beweisstück B vorgelegt: das Buch des Lebens. Dieses Buch enthält Namen, die dort vor Grundlegung der Welt festgehalten worden sind (Lk 10,20; Eph 1,3-4; Offb 3,5; 13,8; 20,12.15). Wenn Ihr Name nicht darin gefunden wird, werden

Sie die furchtbarsten Worte hören, die je ein menschliches Ohr vernehmen wird: «Geht hinweg von mir, ihr Verfluchten, in das ewige Feuer, das dem Teufel und seinen Engeln bereitet ist!» (Mt 25,41). «Und der Tod und das Totenreich wurden in den Feuersee geworfen. Das ist der zweite Tod» (Offb 20,14). Nur durch den Glauben an Jesus und sein Werk am Kreuz kann ein Mensch dem schrecklichen Gericht vor dem grossen weissen Thron entgehen.

#3 Was ist der Feuersee? Gibt es unterschiedliche Strafmasse in der Hölle und Belohnungen im Himmel?

In der Offenbarung wird das Konzept von einem «Feuersee» zum ersten Mal in Kapitel 19,20 vorgestellt, wenn der Antichrist und der falsche Prophet nach Harmageddon dort hineingeworfen werden. Mit seinen sechs Erwähnungen in der Offenbarung ist der Feuersee eine andere Möglichkeit, die ewige Hölle darzustellen. Ursprünglich wurde er gemacht für den Teufel und seine Engel, die vor der Erschaffung des Menschen im Himmel rebellierten (Mt 25,41). Biblische Beschreibungen des Feuersees:

- Feuer und Schwefel, ein mit Schwefel brennendes Gestein, das mit Gottes Zorn und Gericht verbunden wird (1Mo 19,24; 5Mo 4,24; Lk 17,28-29; Hebr 12,29; Offb 14,10; 19,20; 21,8).
- Wer in diesen riesigen brennenden See geworfen wird, besitzt einen physischen Körper, der vom Feuer zwar gequält, aber nicht verzehrt wird. Und sie werden dort für immer gefangen sein, ohne Chance auf Entkommen, Vergebung oder eine einzelne Sekunde der Linderung (Mk 9,43-48; Offb 14,10-11).
- Es ist ein Ort unvorstellbarer Qualen (Lk 16,23-24; Offb 14,10-11). Zu den Leiden im Feuersee gehören einerseits Gottes unendlicher Zorn und andererseits die «äusserste Finsternis». Auf dieser Seite der Ewigkeit gibt es keine Schmerzen, die damit auch nur ansatzweise vergleichbar wären.
- Es gibt kein Licht, denn «Gott ist Licht und in ihm ist gar keine Finsternis» (1Joh 1,5). Sein Licht repräsentiert Güte und Gerechtigkeit, Dinge, die beide nicht zu den Erfahrungen im Feuersee gehören (2Thess 1,6-10).
- Die ewige Hölle ist zudem ein Ort, wo nicht der Teufel, sondern Jesus herrscht (Offb 14,10). Anders als alte Mythen und moderne Legenden es uns weismachen wollen, werden die Menschen in der Hölle nicht vom Teufel und seinen Dämonen gequält. Das ist aus mindestens zweierlei Gründen unmöglich: 1) Gottes Zorn bestraft sie, nicht Satan, und 2) der Teufel wird viel zu sehr mit seinen eigenen Qualen beschäftigt sein!

- Als Ort, wo «das Heulen und das Zähneknirschen sein wird» (Mt 13,41-42), repräsentiert der Feuersee den grösstmöglichen Ausdruck des gerechten Zorns Gottes. Wenn man einen allmächtigen Gott und seinen Zorn auf die Sünde miteinander verbindet, dann bekommt man ein Mass an Qualen, das mit Worten nicht zu beschreiben ist. Uns wird nur mitgeteilt, dass sein Zorn «unvermischt» sein wird (Offb 14,10).
- Es ist ein Ort, an dem «Rauch» aufsteigt (Offb 14,11). Wenn Körper und Seele stetig brennen, wird schwefelhaltiger Rauch vor Gott aufsteigen (Jes 34,8-10).
- Er hat kein Ende und ist ewig (Mt 18,8; 25,46; 2Thess 1,6-10; Offb 14,11).

Der Feuersee ist unfassbar. Und jeder auf der Erde lebende Mensch sollte sich vor seiner Existenz warnen lassen.

Ein weiterer Irrglaube hinsichtlich des Feuersees ist, dass jede Person dort gleichermassen leiden wird. Diese Vorstellung wird von der Heiligen Schrift aber nicht gestützt. In Offenbarung 20,11-13 steht zweimal, dass jeder Mensch «*nach* seinen Werken» gerichtet wird. Das widerlegt die so oft von Christen verwendete Aussage, dass «alle Sünden gleich» sind. Laut Jesus ist das eindeutig nicht der Fall (Mt 10,15; 16,27; Lk 12,47-48; Offb 22,12).

An sich ist jede Sünde Sünde. Aber nicht jede Sünde zieht dieselben Konsequenzen oder Strafen nach sich. Somit ist nicht jede Sünde gleich. Das zeigen auch die moralischen Grundsätze der Menschen. Das Stehlen einer Büroklammer am Arbeitsplatz würde niemand als ebenso böse betrachten wie Kindesmissbrauch, und natürlich würde keiner dafür die gleiche Bestrafung fordern. Ebenso wird Gottes Gerechtigkeit denjenigen im Feuersee grössere Qualen auferlegen, die sich grösserer Sünden schuldig gemacht haben.[28]

#4 Was lehren Altes und Neues Testament über das Leben nach dem Tod?

Wenn wir über das Leben nach dem Tod sprechen, denken wir normalerweise an zwei verschiedene Orte – Himmel und Hölle. Schauen wir uns die beiden Testamente aber etwas genauer an, so stellen wir fest, dass ihr Verständnis hinsichtlich des Ortes, wo Menschen nach ihrem Tod hinkommen, Bedeutungen enthält, die für ihre Kulturen einzigartig waren.

Im Alten Testament wird zur Bezeichnung des Lebens nach dem Tod am häufigsten das Wort *Scheol* benutzt. Das Wort kommt im Alten Testament 65-mal vor und hat je nach Kontext unterschiedliche Bedeutungen. Oft ist es ein Synonym für das «Totenreich» (1Mo 37,35; 42,38; Ps 141,7). Es kann sich aber auch auf den Ort beziehen, wo die Gottlosen nach ihrem Tod bestraft werden (Hi 24,19; Ps 9,18; 55,16). Über den Scheol wird gesagt, dass er tief im Innern der Erde ist (5Mo 32,22; Spr 15,24; Jes 14,15;

---

28 In gleicher Weise wird es auch im Himmel ein unterschiedliches Mass an Belohnung geben. Wer an Christus glaubt, ist errettet, aber einige werden «Schaden erleiden» hinsichtlich ihrer Belohnung, auch wenn «er selbst aber gerettet wird» (1Kor 3,10-15). Andere werden von Jesus Christus viel Lob und Lohn empfangen (1Kor 4,5; 9,24-27; 2Kor 5,10; 1Thess 2,19; 2Tim 4,7-8; Jak 1,12; 1Petr 5,4; Offb 2,10).

Hes 31,17). Für die Gottlosen ist er ein Ort der Finsternis (Hi 10,18-22; 17,13), der Fesseln (2Sam 22,6) und der Ängste (Ps 116,3).

Der Scheol kann sich aber auch auf den Ort beziehen, wo die Gerechten hingehen (1Mo 37,35). In diesem Sinne wird er von einigen als «vorübergehende Haltestelle» für alttestamentliche Gläubige ausgelegt, auch wenn sie sich dort der himmlischen Gegenwart Gottes erfreuen (1Mo 5,24; 2Kö 2,11). Die Bibel bietet keine Grundlage für die Lehre vom Fegefeuer, das ist ein katholischer Glaubensinhalt. Was aber genau diese Version vom Himmel vor dem Kreuzestod Christi war, wird uns nicht gesagt. In Lukas 16,22-23 beschrieb Jesus es für uns als «Abrahams Schoss».

Im Neuen Testament werden drei Wörter für das Konzept der Hölle verwendet: *Hades*, *Tartarus* und *Gehenna*. *Gehenna* und *Tartarus* werden normalerweise mit «Hölle» übersetzt. *Hades* ist dem Scheol ähnlich und beinhaltet die alttestamentliche Vorstellung vom Leben nach dem Tod – vom Reich der Toten ebenso wie von der Bestrafung der Ungerechten (Mt 11,23; 16,18; Lk 10,15; 16,23; Apg 2,27.31; Offb 1,18; 20,13-14). Der *Hades* ist befristet und wird nach dem Gericht vor dem grossen weissen Thron selbst in den Feuersee geworfen (Offb 20,14).

Tartarus wird im Neuen Testament einmal verwendet (2Petr 2,4), wo es mit «Abgrund» übersetzt wird. Im Kontext dürfte es das unterste Ende oder der schlimmste Teil der Hölle sein.

Gehenna hingegen ist mit einer blutrünstigen Symbolik verbunden. Ursprünglich war das Tal Ben-Hinnom ein Ort, der direkt südlich der Altstadt von Jerusalem lag. Zu alttestamentlichen Zeiten wurden dort regelmässig Gräueltaten begangen, einschliesslich der Opferung von Kindern an die Götter Moloch und Baal (3Mo 20,2; 2Kö 23,10; 2Chr 28,3; 33,6; Jer 32,35). Das veranlasste den Propheten Jeremia, vom «Tal der Schlachtung» zu sprechen (Jer 7,31-34). Tophet war eine andere Bezeichnung (7,31-32).

In neutestamentlichen Zeiten war dieses Tal ein Ort geworden, wo Jerusalem seinen Abfall, tote Tiere und die Leichen von Kriminellen verbrannte. Der echten Gehenna entsprechend, sagte Jesus über die Hölle, dass sie ein Ort ist, wo das Feuer ebenso wenig stirbt wie der Wurm, der sich von verfaulenden Leichen ernährt (Mk 9,43-48). Christus verwendete das Wort elfmal für den Ort, an dem die Ungerechten leiden.

Im Gegensatz dazu stellt das Neue Testament den Himmel als den Ort dar, wo Gott wohnt und herrscht (Mt 6,9-10). Dort ist auch das «Haus meines Vaters» (Joh 14,1-3). Alle Gläubigen werden nach ihrem Tod direkt in den Himmel und in Gottes Gegenwart gebracht (2Kor 5,6-9). Mehr über den Himmel finden Sie in den nächsten Fragen.

#5 Was sind der neue Himmel und die neue Erde?

In Matthäus 24,35 machte Jesus eine erstaunliche Aussage: «Himmel und Erde werden vergehen, aber meine Worte werden nicht vergehen.» Dieser Vers wird oft angeführt, um das ewige Wesen des Wortes Gottes zu lehren, und das zu Recht. Schauen Sie sich aber noch einmal an, was er hier genau prophezeit.

Himmel und Erde sind nicht ewig. Beide wird Gott «auflösen» (2Petr 3,7-13).

Gott wird diesen Planeten also zerstören, zusammen mit der Atmosphäre und dem gegenwärtigen Universum. Und er wird es «mit Krachen» tun (einem krachenden Geräusch) und mit grosser Hitze, die die Himmel und die Elemente bis auf ihre atomare Ebene schmelzen und verbrennen lässt. Das von Petrus verwendete und mit «auflösen» übersetzte griechische Wort bedeutet wörtlich «lösen» oder «losbinden». Das weist deutlich darauf hin, dass die Elemente (physische Materialien) durch Gottes Kraft zusammengehalten oder gebunden werden. Andere Bibelstellen machen klar, dass Gottes Kraft alle Dinge physisch zusammenhält (Kol 1,17). Und das Buch Hiob teilt uns mit:

> Wenn Er nur noch auf sich selbst achtete
> und seinen Geist und Odem wieder zurücknähme,
> so würde alles Fleisch miteinander vergehen
> und der Mensch zum Staub zurückkehren.
> (Hi 34,14-15)

Ist das erst einmal geschehen, wird Gott eine neue Art von Himmel und Erde erschaffen (Offb 21,1-5) und Jesajas Prophezeiung erfüllen (65,17). Für immer verschwunden sein werden die übrigen Auswirkungen der Sünde und der Sünder.

Im Tausendjährigen Reich ist die Erde wiederhergestellt. Sie wurde erneuert, um die Folgen von 6000 Jahren voller Leid und Schmerzen sowie der Gerichte in der Drangsalszeit zu beseitigen. Die neu geschaffene Erde hingegen hat keine Ähnlichkeit mit ihrer sündigen Vorgängerin. Ihre Bewohner werden nicht von Sünde befleckt und ihre Atmosphäre nicht von dämonischen Fürstentümern erfüllt. Die neuen Himmel und die neue Erde werden in der Schrift an vier Stellen erwähnt (Jes 65,17; 66,22; 2Petr 3,13; Offb 21,1). Das ist ein buchstäblicher, deutlich verbesserter Ersatz für die früheren Himmel und die frühere Erde. Und wie werden sie sein?

Aus Offenbarung 21 erfahren wir, was es nicht mehr geben wird:

- Meere (V. 1) – die Geografie wird radikal anders aussehen.
- Einsamkeit (V. 3) – Gott ist mit uns, unter uns und eng mit uns verbunden.
- Tränen (V. 4) – es gibt nichts, worüber man weinen oder traurig sein müsste.
- Tod (V. 4) – es gibt keine Sünde oder Sünder, die Tod verursachen.
- Trauer (V. 4) – Traurigkeit und Leid werden dauerhaft verschwunden sein.
- Weinen (V. 4) – Freude und Frieden sind von nun an unsere beständigen Begleiter.
- Schmerzen (V. 4) – alle körperlichen Beschränkungen, Krankheiten und Leiden wurden aufgehoben. All diese Dinge gehören für immer der Vergangenheit an.
- Durst (V. 6) – das frei zugängliche Wasser des Lebens wird uns dauerhaft zufriedenstellen.
- Sünde und Sünder (V. 8.27) – sie werden an einem separaten Ort im Feuersee verzehrt. Aus allem Unrecht ist Recht geworden.

- Tempel (V. 22) – der Vater und der Sohn sind der Tempel.
- Sonne, Mond und Nacht (V. 23-25; 22,5) – Gottes Herrlichkeit wird die neue Erde erleuchten.
- Geschlossene Tore (V. 25) – wir werden ewigen Zugang haben zu Gott und allem, was er uns gibt.

Alles wird neu (21,5) – diese neue Schöpfung wird ein unglaublich herrlicher Ort sein!

#6 Wie wird sich der ewige Zustand vom Tausendjährigen Reich unterscheiden?

Zeitlich kommt das Tausendjährige Reich *vor* dem ewigen Zustand. Allerdings gibt es noch mehrere andere wichtige Unterschiede zwischen den beiden. Genau genommen markiert das Tausendjährige Reich die dem jüdischen Volk prophezeite und verheissene Herrschaft Christi (Mt 5; 13; 25). In diesem Tausendjährigen Reich werden einige Gläubige nach wie vor ihre sündige Natur haben, da sie lebend von der Drangsalszeit in das Reich Christi übergegangen sind. Während des Tausendjährigen Reiches wird es ein gewisses Mass an Ungehorsam geben, grösstenteils innerlich und meistens von den Kindern, die in dieser Zeit geboren werden. Letztlich führt das am Ende zu einer grossen Rebellion (Offb 20,7-10). Im ewigen Zustand findet sich jedoch nicht die geringste Spur von Sünde oder Überresten unserer Sünde, da die Gläubigen aus der Drangsalszeit vollkommen gemacht wurden (Offb 21,8.27).

Das Tausendjährige Reich wird einen physischen Tempel beinhalten (Hes 40–48), aber im ewigen Zustand sind Gott und das Lamm der Tempel (Offb 21,22). Das Reich Christi auf Erden dauert tausend Jahre, seine ewige Herrschaft hingegen ist ... *für immer*! In beiden Fällen verändert sich die Topografie der Erde drastisch. Doch auf der neuen Erde gibt es keine Ozeane mehr (Offb 21,1).

VERGLEICH

ZWISCHEN DEM REICH CHRISTI UND DER EWIGKEIT

TAUSENDJÄHRIGES REICH	EWIGER ZUSTAND
TAUSEND JAHRE	FÜR IMMER
TEMPEL	GOTT IST UNSER TEMPEL
MEER	KEINE OZEANE MEHR
JERUSALEM WIRD ERHÖHT	NEUES JERUSALEM KOMMT HERAB
SÜNDIGE REBELLION	NIE MEHR SÜNDE

Im Tausendjährigen Reich wird Jerusalem zu einem Hochplateau, während die umliegenden Berge gleichzeitig zu einer riesigen Ebene werden (Sach 14,10). In der Ewigkeit taucht dann ein neues Jerusalem auf, das vom Himmel herabkommt (Offb 21,2). Das Tausendjährige Reich markiert den letzten Zeitraum, da später die Zeit selbst von der Ewigkeit verschluckt wird. Am Ende des Tausendjährigen Reiches wird Jesus weiter in alle Ewigkeit regieren (Ps 10,16; 145,13; Klgl 5,19; 1Tim 1,17; 6,13-16; Offb 11,15).

#7 | Was ist das neue Jerusalem?

Im Jahr 2020 ist die bevölkerungsreichste Stadt der Welt Tokio in Japan mit über 37 Millionen Einwohnern. Mit bis zu 20 000 Menschen pro Quadratkilometer ist Überbevölkerung ein grosses Problem. Aber die Bibel spricht von einer zukünftigen Stadt, die weitaus mehr Menschen beherbergen wird als Tokio und deren Bevölkerungsdichte kein Problem darstellt. Diese himmlische Stadt ist seit Abrahams Zeit die Sehnsucht der Gläubigen (Hebr 11,8-10; 12,22; 13,14).

Zugegeben, wenn wir einen genaueren Blick auf diese Stadt werfen, klingt das eher nach Science-Fiction als nach einer biblischen Tatsache. Doch so bizarr es uns heute erscheinen mag, ihre Schönheit und Strahlkraft wird eines Tages unseren Blick und unsere Sinne gefangen nehmen. Sie hat die Form eines riesigen Würfels, der sowohl in seiner Länge und Breite als auch in seiner Höhe jeweils zirka 2250 Kilometer misst (Offb 21,15-17).[29]

Mark Hitchcock hilft uns dabei, uns diese Mega-City vorzustellen: «Nehmen Sie sich eine Landkarte der Vereinigten Staaten vor. Die Fläche der Stadt würde ungefähr ein Quadrat abbilden, das von Miami bis Maine reicht, sich dann westlich bis nach Minneapolis erstreckt, hinunter in den Süden nach Houston führt und zurück nach Miami. Und das ist nur die Grundfläche. Die hoch aufragende Stadt reicht auch bis zu 2250 Kilometer in die Höhe.»[30]

---

29 Das Allerheiligste im salomonischen Tempel war ebenfalls als Würfel geformt, was hier möglicherweise andeutet, dass dieses neue Jerusalem als Gottes ewiger Wohnort dient (1Kö 6,20).

30 Hitchcock, *The End*, S. 454.

(ABBILDUNG ZEIGT DIE GRÖSSE,
NICHT DEN ZUKÜNFTIGEN STANDORT.)

Johannes sieht, wie diese würfelförmige Stadt aus dem Himmel auf die Erde herabkommt oder vielleicht direkt über der Oberfläche schwebt. Die Tatsache, dass sie aus dem Himmel herabkommt, deutet an, dass sie bereits existierte. Manche Bibelkommentatoren vermuten, dass die Gläubigen, die aus der Drangsalszeit ins Tausendjährige Reich übergegangen sind, auf der Erde bleiben werden, während die verherrlichten Christen (wir) im Himmel und im neuen Jerusalem wohnen werden und sowohl Zugang zum neuen Jerusalem als auch zum irdischen Reich haben («im Haus meines Vaters sind viele Wohnungen»; Joh 14,2).

Nach Berechnungen des Prophetie-Experten Ron Rhodes nimmt das neue Jerusalem eine Grundfläche von fünf Millionen Quadratkilometern ein, das 3623-Fache der Grösse Londons in England.[31] Eine würfelförmige Stadt dieser Grösse könnte leicht

31 Ron Rhodes, *The End Times in Chronological Order* (Eugene, OR: Harvest House, 2012), S. 223.

«20 Millionen Einwohnern Platz bieten, von denen jeder seine eigenen 30 Quadrathektar zur Verfügung hätte».[32]

Der Glanz dieser Stadt ist auf die Herrlichkeit Gottes zurückzuführen (Offb 21,10-12). Ihre Mauern sind ungefähr 66 Meter dick, 2250 Kilometer hoch und bestehen aus Jaspis, einem möglicherweise diamantähnlichen Material, das eine transparente goldene Zusammensetzung und Erscheinung hat (21,18). Stellen Sie sich vor, wie Gottes strahlende Herrlichkeit durch diese Mauern scheint und sich in ihnen bricht!

Es gibt zwölf Tore, von denen jedes aus einer einzigen Perle besteht (21,12.21) und von Engeln bewacht wird (nicht vom Apostel Petrus!). Auf den Toren stehen die Namen der zwölf Stämme Israels geschrieben (21,12), und sie bleiben die ganze Ewigkeit hindurch offen (21,25).

Die Stadt hat zwölf Grundsteine, die die Namen der zwölf Apostel des Lammes tragen (21,14). Jeder von ihnen ist aus einem anderen kostbaren Stein gemacht (21,19-20).

Das neue Jerusalem repräsentiert sowohl Israel als auch die Gemeinde und bietet Juden und Nichtjuden gleichermassen ein Zuhause, da wir im Glauben an Gott vereint sind.

Im neuen Jerusalem gibt es keine *Strassen* aus Gold, aber es findet sich eine einzige Hauptstrasse, die aus transparentem reinem Gold besteht (21,21; s. Elberfelder 2003). Zu den Merkmalen der Stadt gehört auch ein Fluss, der vom Thron Gottes ausgeht (22,1-2). Der Strom wird «Wasser des Lebens» genannt und ist «glänzend wie Kristall». So, als würde man das ewige Leben selbst trinken.

---

32 Ebd.

An beiden Seiten des Flusses befindet sich der Baum des Lebens, der jeden Monat eine unterschiedliche Frucht trägt (22,2). Das führt zurück zu dem Baum, der Adam und Eva verwehrt blieb, nachdem sie aus dem Garten Eden verbannt waren (1Mo 2,9; 3,24). Seine Blätter «dienen zur Heilung der Völker» (22,2).[33]

Das neue Jerusalem wird passenderweise die «heilige Stadt» genannt, da sie der Ort ist, wo unser heiliger Gott und seine Heiligen für immer wohnen (21,2). Aber das ist noch nicht alles!

#8 Bekommen wir im Himmel alle unsere Wünsche erfüllt?

Ich (Jeff) habe mal einen Pastor über den Himmel predigen hören. Als er zur Frage kam, wie es im Himmel wohl sein würde, sagte er: «Gott liebt Sie. Und wenn es für Sie wichtig ist, dann wird es im Himmel so sein.»

Hm ... *wirklich*?

Entscheidet Gott so, wie es im Himmel sein wird? Gibt es für die Gläubigen Milliarden verschiedener Versionen des Lebens nach dem Tod? Ist der Himmel lediglich eine verherrlichte, geheiligte Version von Disneyworld? Ein ewiger Vergnügungspark? Gehen Sie nach Ihrer Ankunft dort einfach ins «Tragen Sie Ihren Namen hier ein»-Land, wo alle Ihre Wünsche und Träume

33 Das Wort *Heilung* ist die Übersetzung des griechischen Wortes *therapeia*, von dem sich unser deutscher Begriff *Therapie* herleitet. Da es im neuen Jerusalem weder Krankheiten, Schmerzen noch Tod geben wird, müssen diese Blätter irgendwie unsere himmlische Freude vergrössern, wahrscheinlich indem wir sie essen. John MacArthur schreibt, dass sie in irgendeiner Weise als «übernatürliche Vitamine» dienen. *John MacArthur, The MacArthur New Testament Commentary: Revelation 12–22* (Chicago: Moody Press, 2000), S. 287.

erfüllt werden? Wird es für passionierte Golfspieler Golfplätze geben? Und werden Sie je ein Loch verfehlen? Was ist, wenn Sie ein Filmfan sind? Finden Sie eine endlose Liste mit Ihren Lieblingsfilmen vor, an denen Sie sich erfreuen können? Wird es wie im Sommerlager sein, wo Sie so oft zum Eisstand gehen können, wie Sie wollen, ohne Angst zu haben, dass Sie zunehmen? Wenn Sie der Strandtyp sind, werden Sie dann an der Küste wohnen?

Wenn wir uns den Himmel vorstellen, stehen wir schnell vor dem Problem, dass wir mit uns und unseren Vorlieben und Wünschen beginnen, nicht bei der Heiligen Schrift. Wir beschwören einen Ewigkeitsort herauf, der auf unseren Gedanken basiert, nicht auf denen Gottes (Jes 55,11-12). Mit unserem begrenzten Verstand denken wir an all die Dinge, die uns zurzeit glücklich machen, und projizieren dieses Muster auf unsere zukünftige Erfahrung im Himmel. Aber diese Art des Denkens ist biblisch unterentwickelt ... und nicht präzise.

WIE WIR UNS DEN HIMMEL VORSTELLEN IST WIE EINE AMEISE, DIE VERSUCHT, **TRIGONOMETRIE** ZU VERSTEHEN.

Wenn wir wissen wollen, wie es im Himmel ist, müssen wir zum Glück nur die Bibel aufschlagen. Dort zeichnet Gott ein Bild von dem Ort, den Jesus für uns vorbereitet (Joh 14,1-3). Als wir uns das neue Jerusalem angesehen haben, war das schon eine kleine Vorausschau, aber es gibt noch so viel mehr zu lernen und noch mehr zu entdecken, wenn wir erst einmal dort sind. Das können wir mit Sicherheit sagen – sind wir erst einmal bei Jesus, durch Tod oder Entrückung, werden wir uns weder sorgen noch fragen, wie das Tausendjährige Reich oder das neue Jerusalem sein werden. Es reicht schon, einfach bei ihm zu sein.

Der Himmel wird nicht so sein, wie wir ihn haben *wollen*. Ausserdem sollten wir unserem unausgereiften und unvollständigen Verständnis von unbegrenzten Freuden und erfüllenden Erfahrungen nicht vertrauen, weil Gott einen geradezu unfassbaren Ort und wunderbare Erfahrungen für uns vorbereitet, die wir uns selbst in tausend Leben nicht vorstellen könnten. Wenn wir mit unserem begrenzten Verstand über unser zukünftiges Zuhause zu fantasieren beginnen, dann steuern wir auf eine grosse Enttäuschung hin. Wenn wir jedoch in die Heilige Schrift eintauchen und feststellen, wie es wirklich sein wird, können wir eine realistischere Erwartungshaltung entwickeln.

Im Himmel werden uns also nicht einfach alle unsere Wünsche erfüllt. Es kommt unendlich viel besser!

#9 | Was werden wir im Himmel *tun*?

Wenn Sie insgeheim je befürchtet haben, dass der Himmel ein einziger langer Gottesdienst ist, dann haben wir gute Nachrichten – es wird *nicht* so sein. Viele Leute behaupten, schon mal im Himmel gewesen zu sein, und kehren anschliessend zurück mit fantastischen Geschichten über Jesus, Gott, den Heiligen Geist, Satan, Regenbogenponys und Erfahrungen, die wir nirgendwo im Wort Gottes finden. Diese ausserbiblischen Berichte vermitteln der Braut Christi ein falsches Bild vom wahren, in der Bibel beschriebenen Himmel.

Zugegeben, wir alle sehnen uns nach konkreten, greifbaren Informationen über das, was wir die ganze Ewigkeit hindurch tun werden. Das ist nur verständlich. Ein Teil unseres Problems geht auf die irrationale Angst zurück, dass wir uns die ganze Zeit über *langweilen* könnten. Das aber ist aus zweierlei Gründen unmöglich: Erstens kann Gott nicht langweilen. Er ist unermesslich kreativ und liebevoll, und er hat die Macht, uns unvorstellbares Glück, Erlebnisse, Freude und Erfüllung zu schenken. Zweitens ist Langeweile eine menschliche Vorstellung, ein Produkt der gefallenen Menschheit. Das kommt vor, wenn wir das Interesse an etwas verlieren und keinen Anreiz mehr haben. Dann sehnen wir uns nach mehr oder etwas anderem. Es gibt aber weder mehr noch etwas Besseres ausserhalb von Gott und dem Himmel, und unsere kühnsten Träume können nicht ansatzweise erfassen, was dort auf uns wartet.

Was *können* wir also wissen? Einiges von dem, was wir in der Ewigkeit tun werden, müsste uns sicher sinnlos erscheinen, würde Gott es uns heute mitteilen. Ausserdem brauchen wir einen verherrlichten Körper, einen vollendeten Verstand und eine vollkommene Seele, um alles, was er für uns bereitet hat, zu begreifen und zu erfahren.

Zu den Dingen, die wir in der Ewigkeit tun werden, zählen:

Dienen (Offb 22,3). Als Christ wissen Sie bereits, dass keine Freude mit der Erfahrung zu vergleichen ist, unserem grossen Gott zu dienen. Und doch ist diese Freude aktuell begrenzt, weil wir ihn weder sehen noch in seiner physischen Gegenwart sein können. In der Ewigkeit wird es solche Einschränkungen aber nicht mehr geben. Dann werden uns die grosse Ehre und das Privileg zuteil, dem König der Könige zu dienen. Dieser Dienst wird fraglos unglaubliche Erfahrungen mit sich bringen!

Sich aneinander erfreuen (Pred 2,25; Mt 8,11; 1Thess 4,17-18). Werden wir uns im Himmel erkennen? Ja! Alle Glaubenshelden werden für immer unsere Freunde sein. Es gibt weder Konflikte noch nichtige Meinungsverschiedenheiten, sondern einzig Liebe und tiefe Gemeinschaft, die wir uns jetzt nicht vorstellen können. Im Augenblick wird unsere Fähigkeit, Beziehungen einzugehen und zu pflegen, von Sünde und unserer menschlichen Begrenztheit beeinträchtigt. Dann aber wird das Mass an Freundschaft und Gemeinschaft alles übersteigen, was wir je gekannt haben!

Gebrauch unserer verherrlichten Körper (1Kor 15,20-23.42-44; 1Joh 3,1-3). Wie der Auferstehungsleib Christi werden auch unsere verherrlichten Körper essen und trinken können. Sie werden aber auch fähig sein, die Intensität der himmlischen Atmosphäre auszuhalten, sich auf übernatürliche Weise fortzubewegen und durch physische Objekte hindurchzugehen (Lk 24,28-31; Joh 20,19.26; Apg 1,9-11; 1Tim 6,16).

Anbetung (Offb 4,1-11; 5,8-14; 7,9-17). Das wird nicht dieselbe Anbetung sein, die Sie in Ihrer Heimatgemeinde erlebt haben. Sie wird anders sein als die Anbetung, die sich an einen langen Blick in den Nachthimmel anschliesst oder an ein erhörtes Gebet oder an ein Bibelstudium. Nein. Diese Anbetung wird alle bisherigen Erfahrungen weit übertreffen, ganz gleich, wie bedeutungsvoll sie waren. Sie werden vor seinem Thron stehen. In seiner Gegenwart. Und für den Rest der Ewigkeit werden Sie von der Erhabenheit, Herrlichkeit und Gnade dieses grossen Gottes fasziniert sein.

Mit Gott sein (Joh 14,3; 17,24; Offb 21,3). Aber mehr als alles andere ist der Himmel der Ort, wo Gott ist. Er wird Sie die ganze Ewigkeit hindurch beschützen und lieben. «Vor deinem Angesicht sind Freuden in Fülle», schrieb David, «liebliches Wesen zu deiner Rechten ewiglich!» (Ps 16,11). Alles wird neu sein (Offb 21,5).

Gott kennen. Jesus selbst betete in Johannes 17,3: «Das ist aber das ewige Leben, dass sie dich, den allein wahren Gott, und den du gesandt hast, Jesus Christus, erkennen.» Das letzte Kapitel der Bibel erinnert uns daran, dass die Menschen im ewigen neuen Jerusalem «sein Angesicht sehen werden, und sein Name auf ihren Stirnen sein wird» (Offb 22,4).

Vergessen Sie also alles, was Sie sich bisher vom Himmel erträumt haben, und geben Sie der Wahrheit Gottes die Chance, Ihre Gedanken mit echten geistlichen Tatsachen zu füllen!

#10 | Wie gibt unser ewiges Schicksal unserem Leben heute einen Sinn?

Es ist grossartig, über den Himmel und die Ewigkeit nachzudenken, aber jetzt sind wir noch immer in unserem sterblichen Körper auf der Erde. Wir können Jesus physisch nicht sehen, und wir haben mit unseren Feinden zu kämpfen: der Welt, dem Fleisch und dem Teufel. Manchmal werden wir müde, entmutigt und manchmal sogar besiegt.

Was bringt es uns hier und jetzt, wenn wir an Gottes Wahrheit über die Ewigkeit denken, inmitten von Ehe, Familie, Schule, Kindern, Arbeit, Freundschaft und persönlichen Problemen?

1. Was Gott uns in der Zukunft geben wird, ist absolut real – nicht imaginär oder von der menschlichen Vorstellungskraft erfunden. Jesus sprach vom Haus seines Vaters wie von einem wirklichen «Ort» (Joh 14,2). Und er hat uns versprochen, uns eines Tages dort hinzubringen (14,3). Daher ist die Realität des Himmels so konkret und sicher wie Jesus selbst. Würde es keinen echten Himmel geben, dann wäre Jesus nicht Gott, da unser Glaube an den Himmel auf seinem Wort basiert. Diese Erklärung über die Ewigkeit ist unsere felsenfeste Garantie (Mt 24,35).

2. Diese Welt ist nicht unser Zuhause. Wir sind nur auf der Durchreise. Unser tatsächliches Zuhause und unsere Heimat sind im Himmel (Phil 3,20). Diesen Dingen gilt unsere Loyalität. Da das Leben auf dieser Erde verglichen mit der Ewigkeit nur ein kleiner Punkt ist, sollten wir uns mehr nach dem sehnen, «was droben ist, wo der Christus ist, sitzend zur Rechten Gottes. Trachtet nach dem, was droben ist, nicht nach dem, was auf Erden ist» (Kol 3,1-2). Das ist Teil dessen, was es bedeutet, uns in Gottesfurcht zu üben (1Tim 4,7). Je himmlischer wir gesinnt sind, umso grösseren Nutzen können wir hier auf der Erde bewirken, da wir wissen, was in der Ewigkeit wirklich zählt.

3. Unser ewiges Schicksal schenkt uns eine sichere Hoffnung, da wir wissen, dass «die Leiden der jetzigen Zeit nicht ins Gewicht fallen gegenüber der Herrlichkeit, die an uns geoffenbart werden soll» (Röm 8,18). Die Kämpfe und Leiden, die wir jetzt haben, sind nichts verglichen mit dem Lohn und dem Reichtum des Himmels. Unser Leben auf der Erde und der Umgang mit Problemen und den mit dieser Existenz verbunde-

nen Schmerzen sind wie eine Sekunde, gemessen an der Ewigkeit. Das Leben auf der Erde ist wie eine kleine Unebenheit auf der Strasse: Wir passieren sie schnell und schon geht's weiter. Weder vergangene Sünden noch Schmerzen können uns in der Ewigkeit beeinflussen (Offb 21,4-5).

4. Das Nachdenken über den Himmel und die Ewigkeit rückt alles in die richtige Perspektive, insbesondere wie kurz dieses Leben wirklich ist. Diese Erkenntnis motiviert uns zu zielgerichtetem und dringlichem Handeln. Wir ordnen Richtung und Prioritäten in unserem Leben neu. So können wir uns auf das konzentrieren, was das Richtige und Beste für uns ist, und werden vor Mittelmässigkeit bewahrt. Die Dringlichkeit erinnert uns daran, dass die Uhr tickt und wir keine Zeit zu vergeuden haben. Ob uns noch fünf Tage oder fünfzig Jahre bleiben, wir können es uns nicht leisten, unsere Zeit und unser Leben, das wir von Gott haben, zum Fenster hinauszuwerfen. Was wir heute tun, wird die ganze Ewigkeit hindurch widerhallen!